JN409484

눈 오는 날 추사를 만나다

눈 오는 날 추사를 만나다

양미경 수필집

수필과비평사

■ 머리말

겨울인데 베란다 처마 쪽에 연회색 잠자리 한 마리 앉아 있다. 지난 가을 어느 날에 고종명했나보다. 그대로 화석이 되어 있다.

잠자리는 무려 4억 년을 변형 없이 생존한 원시 곤충이라고 알려져 있다. 인간의 역사란 게 1만 년 안팎이고 원시인류까지를 거슬러도 수십만 년이라는데.

문학은 지금의 가치를 얼마나 유지할까. 더구나 장삼이사張三李四에 불과한 나의 문학을 눈여겨 줄 사람은 몇이나 될까.

누군가를 위해 문학은 존재한다. 누군가가 읽고 공감해 줄 때 문학의 가치는 태어난다. 이 순간에 생각한 내 문학은 생각할수록 아득하다.

내게 주어진 지상의 시간은 많지 않다. 쓸수록 의문만 더해 가는 요즈음인데 이제는 버겁기까지 하다. 만사를 떠나 일 년쯤, 아니 한 달이라도 추사의 세한도 같은 곳에서 글만 쓰고 지내봤으면 좋겠다. 소나무와 잣나무를 사이에 둔 오두막 한 채는 유배지라기보다는 자유로운 영혼의 거처로 보인다. 고독해야 강하다는 데 저런 곳에서 한 계절만 살다 오자. 세한도 같은 문학을 불 밝히다 오자.

수확한 소출로 4번째의 노적가리를 쌓는다. 저 잠자는 듯 조용한 잠자리의 생명력을 꿈꾸면서.

2015년 만추晩秋에

양미경

■ 차례

2부

못 하나가 없어서

3부

위트 있는 정치를 그리며

4부

나이 들면 보이는 것들

5부

강태공을 읽다

건망증과 망각에 대하여

십 원의 인생학

탱수, 못생겨서 만세

이비야

미소 속에 담긴 말

빌려드립니다, 남편을

공중전화 부스의 추억

우연에서 필연으로

잡초와 산삼

명정 골짜기의 빨래터

1부

십 원의 인생학

망각이란 때로 얼마나 고마운 것인가. 영혼의 상처를 치유하는 가장 효과적인 처방이 바로 망각임에랴. 젊었을 때는 사소한 건망증에 짜증나고 그것에 대한 두려움도 있었지만, 이제는 망각의 고마움으로 사는 일이 많다. 설화 속의 기사도 말을 찾기보다는, 말에서 내려와 망각의 평화를 누리면 좋으련만, 지금껏 헤매고 있으려나.

건망증과 망각에 대하여

건망증

중세 시대에 이 마을 저 마을을 돌아다니는 기사騎士가 있었다. 그는 밤중에 사람들을 깨워서 걱정스러운 목소리로 묻곤 했다.

"혹시 내 말[馬]을 보지 못했습니까?"

사람들은 그에게 진실을 말해 줄 수가 없었다. 기사는 자신의 말을 타고 있었기 때문이다.

이 이야기는 이슬람의 설화로, 프랑스의 심리치료사 기 코르노의 ≪마음의 치유≫라는 책에 나오는 내용이다.

몇 년 전에 읽었던 설화를 최근에 다시 읽으면서 내 자신을 되돌아보았다. 설화 속의 기사처럼 나도 건망증이 심한 편이다. 휴대전화기를 손에 든 채 전화기를 찾는 일이나, 목걸이를 하고도 '어디 뒀었지…?' 하고 허둥대는 일이 한두 번이 아니다. 결국 손에 든 휴대전화를 확인하고 찾았다고 하지만, 그때 기분은 그리 기쁘지만은 않다.

몇 달 전의 일이다. 길에서 친한 친구를 만났는데 갑자기 이름이 생각나지 않아 곤란했다. 요즘은 TV에서 자주 보는 탤런트 이름도 잘 생각나지 않는다. 이 정도는 누구나 겪는 일이라고 치자. 명색이 글 쓴다는 작가가 문장을 쓰면서 단어가 떠오르지 않아 당황하는 일이 한두 번인가.

아침 식사 시간에 벌금 이야기를 하는데 갑자기 과태료의 '태'자가 생각나지 않아 애를 먹었다. 돼? 퇴? 그러다 인터넷을 검색하고서야 '태'라는 걸 알게 되었는데 최근에 와서 이런 일이 빈번해졌다. 말[馬]을 찾아 헤매던 기사도, 자신이 말을 타고 있음을 알았을 때의 기분이 나 같았을까.

얼마 전 용기를 내어 치매 전문병원에서 치매검사를 받았다. 제일 먼저 사물들 사진을 보면서 그 이름을 알아맞히는 게 있는데, 자주 사용하지 않는 것들은 생각나지 않았다. '올챙이'를 개구리 새끼로, '작살'은 '던져서 고기 잡는 것'이라 대답했다. 몇 가지 검사를 더 받고 결과를 초조하게 기다리는데, 알츠하이머로 고생한 친정 어머니

얼굴이 떠올라 만감이 교차되었다.

드디어 검사 결과가 나왔다. 상담 선생님 말씀이 내 나이 또래 사람들에 비해 기억력이 양호한 편이며, 이게 모두 책 읽고 글 쓰는 덕이라는 게 아닌가. 내 입가에 웃음이 번졌다.

나이가 들면 육체도 정신도 고장 나기 마련이다. 처음엔 치료하면 나을 것이라는 소박한 믿음을 갖지만 이내 실망하고 만다. 그러나 시간이 흐르면서 육신이나 정신이 점점 낡아간다는 걸 받아들이게 된다. 나이 들면 찾아오는 게 건망증이라는 걸 담담하게 받아들이니 마음이 한결 편안해졌다.

망각

집안에 힘든 시기가 있었다. 남편과 함께하던 사업이 문을 닫게 되고 다시 재기를 위해 몸부림치는 과정에서 전망은 불투명한 상황이었다. 지금은 극복했지만 그때가 내 인생의 가장 큰 시련기였다. 사업을 하다 보면 사람들로부터 상처받는 일이 비일비재하다. 그 모두가 옹이로 가슴에 박이게 되고 가슴앓이하며 흘린 눈물 또한 적지 않았다.

언젠가부터 상처를 돌아보며 흘리던 눈물이 슬슬 말라가고 있다는 걸 알게 되었다. 나쁜 기억은 점점 잊히고 거짓말처럼 좋았던 기억만 또렷해지는 것이다.

망각이란 때로 얼마나 고마운 것인가. 영혼의 상처를 치유하는 가장 효과적인 처방이 바로 망각임에랴. 젊었을 때는 사소한 건망증에 짜증나고 그것에 대한 두려움도 있었지만, 이제는 망각의 고마움으로 사는 일이 많다. 설화 속의 기사도 말을 찾기보다는, 말에서 내려와 망각의 평화를 누리면 좋으련만, 지금껏 헤매고 있으려나.

인간에게 망각이 없다면 사는 게 얼마나 살벌하고 고통스러울까. 사람은 자기 치유의 방편으로 나쁜 기억은 망각이라는 통로로 보내고 좋은 추억만 오래도록 기억한다.

그렇게 좋은 기억만 차곡차곡 쌓다가 어느 순간 망각의 바람에 나도 나쁜 기억도 함께 사라지면 좋겠다는 생각을 해본다. 내 주변 모두에게 따뜻하고 아름다운 추억만 남긴 채.

십 원의 인생학

아파트 앞 보도블록 사이에 구릿빛의 물체가 아른거려 자세히 보니 십 원짜리 동전이었다. 그냥 지나치려는데 마음이 편치 않았다. 저대로 두면 청소부의 빗자루에 쓸려가버릴 텐데.

동전 모으는 저금통에 넣었다가 나중 불우이웃 돕기라도 하면 좋은 일에 쓰이는 셈 아닌가. 그렇기는 해도 십 원짜리 동전 줍는 것을 누가 보기라도 하면 좀 창피할 것 같았다. 왜 하필이면 내 눈에 띄어 심사를 이리 괴롭히나. 그러나 아파트 현관문을 들어서는 순간부터 십 원짜리 동전에 대한 생각은 까맣게 잊어버렸다.

일주일쯤 지났을까. 세탁물을 찾아들고 아파트로 들어서는데 초등학교 5학년쯤으로 보이는 사내아이 둘이 장난치며 가다가 하나가

소리쳤다.

"어, 돈이다!"

그 소리에 앞서가던 아이가 뛰어오더니 "십 원짜리네. 저런 건 재수 없어. 그냥 가자!"며 친구를 발로 차는 시늉을 했다. 두 아이가 깔깔거리며 지나간 그 자리에는, 얼마 전에 보았던 십 원짜리 동전이 아직 있는 게 아닌가. 청소부의 빗자루도 지나쳤고, 초등학생에게도 버림받는 초라한 모습으로 몇 날 며칠을 그렇게 땅바닥에 엎디어 있었던 것이다.

나는 얼른 동전을 주워들며 혼잣말로 중얼거렸다. '그래 가자. 내가 거두마.'

집에 와서 십 원짜리 동전을 저금통에 넣었다. 거기에 옹기종기 모여 있던 십 원, 오십 원, 백 원 동전들이 신입한 친구를 반기는 듯해 마음이 따스해졌다.

지금은 돈의 가치가 많이 달라져 옛날에 비할 바는 아니다. 그러나 내 어릴 적만 해도 십 원이면 라면이 한 봉지, 쌀이 반 됫박, 오가는 시내버스비가 될 만한 돈이었다. 지금이야 길바닥에서 눈길 맞추는 사람도 없지만…….

사람의 가치도 마찬가지가 아닐까. 잘사는 집에 태어나 부모로부터 귀한 대접을 받고 자란 사람이 있는가 하면, 가난한 집에 태어나 살아가기조차 바쁜 부모에게 관심 받지 못하고 자란 경우도 얼마든지 있다.

힘들게 자란 아이들이나 결손 가정의 아이들은 학교나 사회에서도 관심을 받지 못한다. 길에 떨어진 십 원짜리 동전처럼 사람들의 눈에 띄지도 못하고 외면당한 채 어렵게 살아간다. 반대로 부유한 가정의 아이는 집에서는 말할 것도 없고, 학교나 사회에서도 부모의 후광으로 관심을 받는다. 태어나면서부터 경쟁력을 갖춘 아이가 되는 것이다.

그러나 십 원짜리 동전처럼 태어난 환경이 하찮다고, 인생 자체가 십 원짜리가 되는 것은 아니다. 살아가면서 가난과 역경을 이겨내고 만 원짜리, 오만 원짜리처럼 높은 가치의 삶을 사는 사람들도 많다.

어린 시절 충청도 음성 땅 산골 마을 초가집에, 가족들이 방 한 칸에 세 들어 살았던 반기문 어린이는 세계의 대통령인 유엔사무총장에 올랐다. 십 원짜리 동전 같은 초라한 어린 시절을 보냈지만 지금은 값을 매길 수 없을 정도로 귀한 사람이 되지 않았는가.

반면 부모의 대단한 후광을 업고 귀하게 자랐지만 결국 제 인생을 쪽박처럼 깨버리고 십 원짜리로 전락한 사람들도 누누이 보아왔다.

동전이 든 저금통을 흔들어 본다. 자글거리는 동전 소리를 들으면서 내게 질문을 던진다. 나는 지금 십 원짜리일까? 백 원짜리일까? 살아온 날들의 발자취를 더듬으니 새삼 낯이 붉어진다.

탱수, 못생겨서 만세

어시장에서 탱수를 사왔다. 매운탕을 끓여서 저녁 식사를 하는데 TV에서 세계적으로 선풍을 일으키고 있는 싸이의 〈강남 스타일〉이 무대에 펼쳐지고 있었다. 싸이는 〈강남 스타일〉 하나로 전세계 음악 무대를 평정했다고 해도 과언이 아니다.

나는 국그릇에서 탱수를 앞접시로 옮겨 담다가 그놈의 생김새를 다시 보았다.

'거 참….'

요즘은 정말 살 만한 세상이다. 사람이든 생선이든 잘생겨도 못생겨도 인기 정상에 오를 수 있으니 말이다.

아귀나 쑤기미, 물메기나 탱수는 그야말로 못생긴 물고기 축에 든다. 사람들이 거들떠보지도 않던 천덕꾸러기들이었다. 그물에 걸려 올라오면 재수 없다며 바다에 다시 던져 넣어 '물텅벙'이라 했다지 않는가.

아마 못생긴 물고기 콘테스트를 한다면 탱수가 단연 1위일 것이다. 어디를 훑어봐도 미끈한 곳이라고는 없고 울퉁불퉁하고 사납게 생겼다. 쓸모없다고 버리던 것들이지만 언제부턴가 먹게 되었고, 이제는 시원하고 얼큰한 매운탕 감으로 인기가 높다. 어느새 어물전의 상석을 차지하게 된 것이다.

탱수는 여성에겐 다이어트 식품으로, 남성에게는 칼칼한 안주로 제격이다. 열량은 낮고 칼슘과 무기질을 함유하고 있어 고혈압과 골다공증에 좋은 식품으로 인정받았다. '자고 일어나니 갑자기 유명해져 있더라.'는 말처럼 고기의 격이 달라졌다.

탱수는 지방에 따라 이름이 각각이다. 경남에서는 탱수, 강원도는 삼숙이, 전라도에서는 삼식이, 경기도는 꺽지, 강원도에서는 멍텅구리 등으로 불린다. 못생기고 바보 같다는 놀림말로 쓰이는 삼식이가 여기서 유래했다고 한다. 지역마다 각기 다른 이름을 얻은 걸 보면 어부들에게 이미 맛으로 인정받았던 건 아닐까. 다만 대중에게 알려지는 게 조금 늦었을 뿐.

이제는 사람도 외모와는 상관없이 개성이 주목받는 시대다. 어느

여가수는 얼굴이 못생겨 초창기 때 방송 출연을 거부당했다며 토크 프로그램에 나와서 눈물을 흘렸다. 지금은 출중한 노래 실력과 다듬은 얼굴 덕분에 가요계 정상에 우뚝 서기는 했지만, 어쨌든 미모가 대중 앞에서 활동할 수 있는 첫 번째 조건이던 시절이 있었다.

요즘 한창 인기를 얻고 있는 남자 가수 K를 보라. 그도 못생겼다 하여 방송 출연이 금지되어 얼굴 없는 가수로 십여 년을 지내야 했다. 그에게 이런 일이 있었다 한다. 베일에 가려져 있던 얼굴을 드러내자 하루에 2~3만 장 팔리던 음반 판매량이 열 배나 뚝 떨어졌다는 것이다. 그는 외모에서 받는 설움을 노래로 승화시키며 정진했기에 이 시대 최고의 가수로 우뚝 섰지 않은가.

가요계에서 꽃미남이나 섹시 걸 그룹들이 한류의 앞을 서는 듯했지만 정작 세계를 흔들어놓은 가수는 자칭 뚱뚱한 중년 가수 싸이이다.

영화계에도 개성파 얼굴이 두드러진다. 상업적인 광고도 왕자와 공주 코드가 아니라 연기파 배우들의 활동이 돋보인다. 꽃미남들이 날렵한 콧대를 겨루던 영화판은 옛날이야기다. 요즘 영화의 흥행보증수표로 꼽히는 김윤석, 류승범, 윤제문은 빼어난 미남은 아니다. 그들은 개성 하나로 영화계를 좌지우지한다. 또 맛깔스러운 조연의 오달수, 유해진도 한국영화를 움직이는 힘이다.

지금은 개성 시대다. 연극, 영화, 소설, 대중문화는 이제 개성의 멋을 원한다. 똑같은 제품이라도 그만의 개성을 드러낼 때 더 인기가 있지 않은가.

나는 탱수를 보며 중얼거렸다.

"못생기고 패배자의 길에 몰려 있는 젊은이들이여 힘내라. 자신만의 개성으로 다시 시작하라. 그대들이 용기만 낸다면 새로운 세계의 문은 언제나 열려 있으리니!"

그놈을 차마 먹을 수가 없어 접시에 그대로 두었다. 국물 맛은 얼큰하고 시원했다.

탱수, 못생겨서 만세다!

이비야

공원 풀숲에 개구리 한 마리가 앉아 있다. 세 살쯤 되어 보이는 꼬맹이가 호기심에 만지려 하니 할머니가 급히 말린다.

"안 돼, 이비야!"

'이비야'란 말, 참 오랜만에 들어 본다.

개구리 형상이 좀 험상궂게 생긴 걸로 봐서 옴개구리나 두꺼비 같았다. 할머니가 손자에게 주의를 준 것은 험상궂은 형상 때문이었을까.

내가 사는 경상도에서는 '이비야'란 말이 흔히 쓰이던 시절이 있었다. 1950~60대 전후의 연배라면 "저기 이비야 온다, 울면 이비야가 잡아간다."라는 말을 듣고 자랐다. 울음 줄이 질긴 아이, 울음 그치라고 겁줄 때, 실수를 자주하는 아이 훈계할 때, '조심하라', '무섭다', '혼난다' 등의 뜻으로 쓰이던 말인데, 요즘은 그나마 듣기가 어렵다. 그 말을 사용하던 세대들이 나이가 들어 사회활동에서 물러났거나 세상을 떠나 그 말이 잊힌 것이다.

말은 본래 뜻을 알고 사용하면, 오래 통용될 수 있지만 그렇지 않을 때는 세대가 바뀌면서 관심에서 멀어지거나 이내 사라질 수밖에 없다. 어쩌면 '이비야'도 이런 범주의 말이어서 시간이 흐르면서 그냥 고어古語사전에나 등장하거나 그대로 묻히고 마는 것이리라. 생각해보니 나 역시 아이들 키울 적에 '이비야'를 많이 썼었는데 그 말의 어원은 알아보려고 하지 않았다.

집으로 돌아온 즉시 인터넷을 열고 검색해 보았다. '이비야'는 방언도 아니고 정겨운 말은 더더욱 아니었다. 한자로 '耳鼻爺'로 귀耳(이), 코鼻(비), 아비 혹은 사내爺(야)였다. 풀어보면 '이비야'란 귀와 코를 가져가는 사람이란 뜻으로 임진왜란 때 생겨난 말이라고 한다.

당시 도요토미 히데요시는 왜군이 전장에서 죽인 조선인 숫자를 확인하고 상을 내렸는데, 처음에는 잘라 온 귀를 가지고 파악했다. 그런데 귀는 두 개여서 숫자가 곱이 되는지라 방법을 바꾸어서 귀 대신 코를 베어 오도록 했다고 한다. 그 결과 왜병들은 죽은 사람의 코뿐만 아니라 산 사람의 코까지 베어 가는 잔인한 행동 또한 서슴지 않았다고 한다. 그래서 '이비야가 온다.'고 하면 울던 아이도 울음을 뚝 그칠 정도로 무시무시한 존재를 나타내는 뜻으로 사용됐던 것이다.

사서史書에서는 염장된 코의 개수가 10만이나 되었다고 전한다. 그리고 확인이 끝난 코는 한곳에 모아 무덤을 만들었는데, 그 무덤이 일본 교토에 있고, 경남 사천 선진리성에 있는 '이총耳塚'도 그중 하나라고 한다.

그 후 근대에 오면서 사람의 코를 베어서 무덤을 만들었다는 것은 너무 잔인하다 하여 귀 무덤인 '이총耳塚'으로 그 명칭을 바꿔버렸다. 그러던 것을 한국의 향토사학자들이 귀가 아닌 코를 베어간 것임을 밝혀냄으로써 지금은 이총耳塚과 비총鼻塚을 같이 사용한다고 한다.

오늘날, 그러한 끔찍한 장면이 그려지는 '이비야'란 단어가 사라지는 것이 옳은지, 사용해도 무방한 것인지 내가 판단하기는 어렵다. 그러나 이 단어의 뜻을 바르게 알고 사용한다면 외려 우리 사회에 이 말을 들려주고 싶은 사람들이 많은 것이 현실이다.

자나깨나 국민을 생각하는 척하면서 자신들의 표만 세는 일부 정치인들, 자신의 이익만 앞세우며 직원들의 처우에는 눈을 감는 악덕 기업인들, 백화점에서 돈 좀 쓰는 특별고객이라고 주차 정리하는 아르바이트생 무릎이나 꿇리는 갑질하는 사람들, 세상에 이런 짓들을 서슴지 않는 이들에게 소리쳐 말해주고 싶다.

"저기 이비야 온다."라고.

미소 속에 담긴 말

귀가 약간 어두운 두 노인이 동네 입구에서 만났다.

노인 1: 자네 낚시하러 가나?

노인 2: 아니, 낚시하러 가는데.

노인 1: 난 또, 낚시하러 가는 줄 알았지.

그냥 웃어버리고 말기에는 짠해지는 유머다. 타인의 말이 안 들린다는 것은 소통이 안 된다는 뜻이다. 인간은 공동체를 이루고 사는 사회적 동물이다. 소통이 안 된다는 것은 단절을 의미하고 그것은 결국 공동체 와해라는 위험한 상황에 이를 수도 있음을 의미한다.

하지만 요즘 세상은 말이 너무 많아서 문제라는 생각이 든다. 불필요한 말, 상대의 감정을 전혀 배려하지 않는 말, 거기다가 영화와 게임의 비속한 언어에 오염된 말. 또 선거철만 되면 정치인들의 화려한 수사와 지키지 못할 약속들이 점철된 말, 상대방에 대한 독설과 악의적 권모술수가 난무하는 말들. 그러니 이즈음엔 말이 의사소통이라는 기본 책무를 넘어, 말의 과잉소비가 문제이지 않나 하는 생각마저 든다.

이웃에 노부부가 있다. 두 분 다 70대 후반이다. 그 댁에 방문하면 문을 열고 들어서는 순간부터 느껴지는 조용한 분위기가 무척 인상적이다. 공기들이 차분히 가라앉아 정적인 느낌이 든다.

처음에는 그 낯선 느낌에 잘 적응하지 못했지만 이제는 그 분위기를 좋아하게 되었다. 두 분의 청력이 노화돼 말을 잘 하지 않는다. 내가 말을 하면 할머니는 단정하게 쪽찐 흰머리로 고개를 끄덕인다. 처음에는 내 말에 대한 긍정의 답변이려니 했다. 그런데 질문을 해도 웃으며 고개를 끄덕였다. 말을 잘 들을 수 없어 그냥 고개만 끄덕였던 것이다.

두 분이 꼭 필요한 대화를 할 때면 분위기는 사뭇 달라진다. 거의 악을 쓰다시피 하며 의사 전달에 온 힘을 쏟는 것이다. 그래서 핵심

의미가 전달되었다 싶으면 그때부터 또 적요한 공기가 방안을 지배한다.

그러니 싸울 이유가 없다. 사람들은 말이 안 통해 싸운다고 하지만, 정작 말을 할 필요가 없어지면 싸울 이유도 없어지는 것이다. 이 기묘하고도 멋진 논리를 나는 노부부를 통해 깨우쳐 가고 있는 중이다.

어느 날 목소리를 힘껏 높여 물어본 적이 있다. 젊은 시절에 부부싸움을 한 적 있느냐고. 서로 마주보고 잠시 웃더니 할머니가 대답하였다. 엄청 싸웠는데 이제는 나이 들어 귀가 안 들리고 기력도 떨어지니 싸움도 못하겠단다. 그랬다. 사람 사이의 모든 문제는 대부분 말에서 비롯된다고 해도 과언이 아닐 것이다.

말이 넘쳐나는 시대다. 사람들은 속이거나 모함하려 할 때 말이 많아진다. 말이 많으면 핵심을 알 수 없게 된다. 오해를 부르는 것도 그래서이다. 핵심이 담긴 말 한마디면 오해 없이 소통할 수 있지 않을까? 나머지는 고개를 끄덕이거나 미소 한 번이면 족하리라.

유머 속의 노인들은 어찌 보면 갑갑하기 짝이 없는 상황이다. 그러나 서로 소통했다고 생각하고 각자의 일을 하러 가는 것이다. 낚시를 가든 안 가든 그건 중요한 문제가 아니다. 만나서 반가웠고 대화해서 통했다고 생각했으니 그것으로 족한 것 아니겠는가.

말이 소통의 수단을 넘어 혼란의 주범이 되고 있다면 '우리 모두 조금씩 가는귀를 먹으면 어떨까.'라는 엉뚱한 생각을 가져본다. 노부부처럼 딱 할말만 하고 그 외에는 미소로 대신한다면 훨씬 아름답고 고요한 세상이 되지 않을까.

빌려드립니다, 남편을

신문을 보다가 눈길 가는 기사가 있어 멈춘다. '이젠 남편까지 렌털?'

무슨 괴이한 말인가 싶어 읽어 보니 남편 역할을 대행해 줄 사람을 빌려 준다는 게 아닌가.

주고객층은 '골드 미스'들. 시급 2만 5천 원이면 언제든 남편 역할을 대행해 주겠다 한다. 부동산 계약이나 부부동반 모임, 혼자 밥 먹는 시간이나 함께 보낼 사람이 없을 때도 '임대용 남편'을 찾는다는 것. 문득 궁금증이 인다. '남편 역할 대행'이라면 그 역할은 어디까지일까?

'렌털'은 월세나 전세, 사글세 임대주택이 시초다. 그런데 언제부터인지 승용차를 빌려주더니 정수기, 비데, 각종 의상에 안마의자도 빌려준다. 또 동화책, 피아노, 운동기구, 애완견 등등 가히 렌털 천국 시대다.

시장 구조가 렌털 쪽으로 흐르다 보니 그 사업이 성업 중이라고 한다. 물건을 사는 것보다 경제적이고, 애프터서비스도 좋으며 교환도 쉽다는 장점 때문이다.

렌털이 나쁘다는 것은 아니다. 물건을 구입하기보다 실용성에 가치를 둔다는 점에서는 바람직하다고 할 수 있다. 잠시 사용할 물건을 굳이 거금을 들여 사는 것보다 임대하는 게 훨씬 경제적이다. 그러나 그 선이 어디까지냐 하는 것이 문제일 것이다.

아이들의 책이나 장난감, 정수기 등은 큰돈 들이지 않고 임대하는 게 분명 합리적이다. 그러나 남편을 렌털한다는 것은 우리의 '가족' 개념에 비추어 볼 때 낯설다.

렌털 남편이 더 확대되지 않는다는 보장도 없다. 부부동반 모임에 남편을 빌려 가는데, 대공원 가고 싶을 때 아이들 빌리지 말라는 법도 없다. 여행갈 때 아내를 빌리고, 마음에 안 들면 바꿀 수도 있다. 땅을 팔 땐 힘센 남편, 못 박을 땐 키 크고 팔뚝 굵은 남편을 부르고, 이웃과 다툴 때는 덩치 큰 권투선수를 부를 수도 있겠다.

임대한 남편과 아내 그리고 아이들이 서먹서먹하게 모여 가족 나들이를 간다면 과연 어떤 모습이 연출될까. 뜨겁도록 행복할까? 행복이라는 단어가 존재하기나 할까? 남편 맞춤형 시대가 되면 남편이란 말은 고전주의자의 넋두리쯤으로 들릴지도 모른다.

미국의 심리학자 디어도어 루빈은 "행복은 입맞춤과 같다. 행복을 얻기 위해서는 누군가에게 행복을 주어야만 한다."라고 말했다.

세상사 변해 가면서 우리 세대가 상상도 못했던 일들이 언제든 일어날 수 있다. 여자가 우주비행사가 되고 남자가 귀고리를 하고 화장하는 것도 예전에는 상상도 못하던 일이다. 그러나 지금은 아무렇지도 않은 일이 되지 않았는가.

앞으로 어떤 것이, 얼마나, 어떻게 바뀌어 갈지는 아무도 모른다. 그렇긴 해도 남편을 돈을 주고 빌린다니 될 법이나 한 일인가. 세상이 아무리 바뀌고 세월이 흘러도 변할 수 있는 게 있고, 변할 수 없는 것이 있다. 남편을 갈아끼우는 기계 부속품 취급을 하다니!

금기시했던 일이 어느 순간 통용되기 시작하면 걷잡을 수 없게 된다. 처음에는 "어떻게 그런 일이?" 하던 사람들도 시간이 흐르면 "그게 뭐가 어때서." 하면서 수용하게 되는 것이 인간의 속성이 아니던가.

'가족'은 '행복'의 동의어다. 이 불변의 가치가 어떤 식으로든 훼손되는 것은 용납할 수 없다. 루빈의 말처럼, 행복은 입맞춤이다. 진심의 키스다. 돈으로는 살 수도 구할 수도 없으며, 그래서도 안 된다. 하긴, 돈으로 산 남편이 입맞춤보다 더한 것을 해 줄지는 모른다. 분명한 건 그것이 행복은 아니라는 것이다.

시간당 2만 5천 원짜리 남편, 우리가 사는 세상이 언제부터 이렇게 되었을까.

공중전화 부스의 추억

시내에 일보러 나갔다가 소나기를 만났다. 양손엔 핸드백과 쇼핑백이 들려 있었다. 몸이 젖는 게 문제가 아니라 종이가방이 터질까봐 전전긍긍하면서 빗속을 빠르게 걸었다. 차를 너무 멀리 세워 둔 것이 후회되었다.

그때 모퉁이에 낡은 공중전화 부스가 눈에 들어왔다. 반가웠다. 얼른 그곳으로 들어가 비를 피했다. 전화기 옆 선반에 쇼핑백을 올려놓고 비 맞은 옷을 털고 숨을 몇 번 고르고 나니 마음이 한결 편안해졌다.

부스 안을 살필 여유도 생겼다. 참 오랜만에 들어와 보는 곳이다. 부스 안은 담배꽁초가 여기저기 널브러져 있었다. 그 많던 공중전화 부스가 하나씩 사라지더니 이제는 어디에 있는지조차 모를 정도다. 유치원생까지도 휴대폰을 들고 다니니 예전 공중전화 부스 앞에 줄을 서던 풍경은 기억조차 가물거린다.

비는 그치지 않았다. 웬만하면 뛰어가고 싶지만 종이가방이 터지면 낭패라 그럴 수도 없어 원망스런 눈으로 하늘을 주시하는데 어떤 여자가 내 앞에서 서성거렸다.

젊은 여자는 우산을 쓰고 있었다. 나를 빤히 쳐다보는데 우산을 같이 쓰자는 것인지 상황 파악이 안 됐다. 한참 후 여자가 모기만 한 소리로 말을 걸어왔다.

"저- 휴대폰 배터리가 다 되어서요."

참, 이곳이 공중전화 부스였지! 동전을 들고 내 곁을 머뭇거리는 양이 좀 비켜 달라는 것이라는 것을 미처 몰랐다. 나는 핸드백과 쇼핑백을 들고 빗속으로 걸어 나왔다.

얼마쯤 걸었을까. 차에 도착한 뒤에 보니 종이가방이 흠뻑 젖어 있었다. 안 터진 게 감사할 정도다. 머리를 대충 닦고 차를 출발하여 가며 보니, 그녀는 아직도 통화 중이었다. 전화부스 위로 흘러내리는 비가 왠지 울적하게 느껴졌다.

무슨 사연이기에 휴대폰 배터리를 모두 소진하고도 공중전화까지 부여잡고 있는 걸까. 비 오는 날 공중전화 부스에서 통화가 길어진다는 것은 과거 영화에서나 봄직한 광경인데….

공중전화 부스에 줄을 서서 기다리다 보면 통화하는 사람들의 목소리와 표정을 통해 통화 내용을 대충 알 듯했다. 면전이면 멱살잡이라도 할 것처럼 고래고래 소리 지르는 사람, 이별이라도 통고받았는지 복받친 슬픔에 우는 여자, 기다리는 사람은 아랑곳없이 동전을 가득 쥐고 연거푸 투입하면서 세상모르고 수다 떠는 아줌마들…….

전화 부스가 없어졌다고 그 많던 사연마저 사라진 것은 아닐 텐데…. 이제는 모두가 그리운 풍경이 되었다.

공중전화 부스는 조만간 사라질지도 모른다. 한때, 좁은 공간이지만 그 안에서 무수히 많은 희비가 엇갈리고, 사랑과 슬픔, 환희와 애증, 기쁨과 분노가 밀물과 썰물처럼 시시각각 일렁였던 곳.

집에 와서 인터넷을 열어보니 영국에서는 공중전화 부스를 다양한 용도로 재활용하고 있다 한다. 제세동기를 설치하여 심장마비 환자의 생명을 구하는 데 사용하기도 하고, 지역 작가들의 작품을 전시하는 갤러리로 활용하거나 커피나 아이스크림을 팔아 기증하는 단체도 있었다. 또 무인관광 안내소로 활용한다고도 하니 공중전화 부스를 이용한 기발한 아이디어가 백출한 게 아닌가.

우리나라도 공중전화 부스를 전기차 충전소로 이용하는 방안이 추진 중인 모양이다. 내 개인적인 생각으로는 문화적인 일에 부스가 사용되면 좋겠다. 사람들의 오랜 희로애락이 담겨 있는 장소를 경제적인 목적보다는 문화적 용도로 사용하는 게 더 어울리지 않을까. 활용할 수만 있다면 전시 장소의 절대 부족을 겪는 지역 작가들의 전시 장소로도 좋을 것 같다.

1970년대 영화의 한 장면처럼 빗속의 부스에서 고개를 숙이고 긴 통화를 하던 그녀의 우울한 모습이 아직도 눈앞에 아른거린다. 내 가슴 한편이 헛헛해지는 것은 나에게 그만한 추억이 없기 때문이리라.

내게 그 달콤한 공중전화 부스 속의 연애담 하나 없다는 것은 축복일까, 아쉬움일까. 하긴 그 같은 추억조차도 공중전화 부스처럼 이내 사라지겠지만.

우연에서 필연으로

'인연'이란 단어를 떠올리면 처칠과 플레밍의 인연이 떠오른다. 무대는 영국. 런던의 귀족 가문 소년이 가족과 함께 떠난 시골 여행지에서 시작된다. 귀족의 아이가 호수에서 수영을 하다가 쥐가 나서 죽음의 위기에 처한다. 때마침 그곳을 지나가던 시골 소년이 그를 구해낸다. 목숨을 건지게 된 귀족 소년의 아버지는 시골 소년을 불러 소원을 묻는다.

소년은 또렷한 목소리로 말한다.

"제 소원은 의사가 되는 것입니다. 그러나 저의 집은 가난해서 공부할 여력이 없습니다."

시골 소년은 귀족 소년과의 극적인 인연으로 인해 런던에서 공부를 하고 의사가 되었다. 그리고 연구를 거듭하여 푸른곰팡이에서 페니실린을 만들어내 노벨의학상을 받기에 이른다. 그 소년이 바로 알렉산더 플레밍이다.

후에 영국 수상 처칠이 이란의 수도 테헤란 국제회의에 참석했다가 폐렴에 걸려 죽음의 기로에 놓이게 되었다. 그때 플레밍이 만들어낸 페니실린을 공수해 가 생명을 건지게 된다. 농부의 아들 플레밍이 처칠이 물에 빠져 죽게 되었을 때 구해 주었고, 폐렴으로 죽게 되었을 때 또 처칠을 구해 준 것이다.

세상에 널리 알려진 이 이야기는, 실화가 아니라는 말도 있지만 인연의 소중함을 담은 교범으로 전해지고 있다.

우리는 많은 인연을 맺으며 살아간다. 친구들과 인연을 맺고, 사제지간의 인연도 맺는다. 사회적 · 정치적으로 인연을 맺기도 하고 신앙의 인연이 있는가 하면 사업적으로 인연을 맺기도 한다. 그런 인연의 기반 위에서 함께 희로애락을 나누며 세상을 살아간다.

나에게 문학은 소중한 인연을 맺게 한 가교다. 제2의 인생, 아니 제2의 생명을 주었다 해도 과언이 아니다. 40대의 한 평범한 여인에게 '수필창작교실'을 통해 문학이란 높은 산을 만나게 해준 고동주 스승님. 글 쓰는 게 힘들어 포기하려 했을 때 격려로써 계속 문학의 길을 갈 수 있게 해준 몇 분 선생님. 나는 문학과의 만남으로 어머니의 자랑이 되었다. 내 이름자가 찍힌 수필집을 발간하리라고 누가 상상이나 했겠는가. 첫 번째 수필집을 받아들고 "내 딸, 장하다."며 눈물을 글썽거리던 친정 어머니의 모습을 생각하면 지금도 행복하다.

그렇다고 세상에 좋은 인연만 있는 게 아니다. 차라리 맺지 않음만 못한 악연도 있다. 오래전 아끼던 사람으로부터 모함을 당하여 가정이 깨질 뻔한 위기에 처했던 적이 있었다. 가족의 이해와 배려가 없었다면 너무 억울해서 견뎌내지 못했을지도 모른다. 잘못된 인연으로 가정이 풍비박산이 날 수도 있겠다는 생각이 들면서, 인연이라는 단어가 지닌 낭만적 이미지에 도취되면 안 되겠다는 것을 알게 되었다.

언젠가 TV에서 외톨이형 은둔자를 보았다. 세상과의 인연을 뒤로 하고 산속에서 혼자 살아가는 사람을 보니 순간 부럽다는 생각이 들었다. 그런데 인터뷰 말미에, 세상에 두고 온 가족에 대한 그리움으로 눈물짓는 것을 보니 안쓰러웠다. 사람은 이렇듯 인연의 연결고리 없이는 살아갈 수 없는 존재인가 보다.

하고많은 인연 중에서도 가장 소중한 것은 가족과의 인연이 아닐까. 가족家族. 되뇌어보기만 해도 가슴이 뭉클해지는 단어다. 우연으로 만나 어느 순간 필연이 되고 만 남편. 그 사이에서 태어난 자식들과의 인연의 끈은 내 심장과 연결되어 있다. 그렇기에 가족이 아프면 내 심장이 아프고, 가족이 즐거워하면 내 심장이 뛰며 함께 즐거워하는 것이리라.

세상에 뚝 떨어져서 우연히 만난 사람들과 필연을 이루어 가는 과정을 곰곰이 생각해보면 수월한 것만은 아닌 것 같다. 찧고 볶고 웃고 다투면서 세월에 모가 닳아가다 보면 행복한 필연으로 귀결되는 것. 그것 또한 단련된 깊고 값진 인연이 아니겠는가.

잡초와 산삼

우연한 자리에서 접한 강병화 교수의 인터뷰 기사에 공감하며 몇 번을 읽었다.

"엄밀한 의미에서 잡초는 없습니다. 밀밭에 벼가 나면 잡초고, 보리밭에 밀이 나면 또한 잡초입니다. 상황에 따라 잡초가 되는 것이지요. 산삼도 원래 잡초였을 겁니다."

이런 말을 할 수 있는 그의 산뜻한 직관력에 박수를 보냈다.

그는 고려대 환경생태학부에서 강의하면서 17년간을 전국을 돌며 야생식물들을 틈틈이 채집했다 한다. 위의 말은 야생 들풀 100종과 4천여 종의 씨앗을 모아 종자은행을 개설하면서 몇 년 전 신문과의 인터뷰에서 그가 한 말이다.

사람 살아가는 일도 이와 다르지 않을 것이다. 자신이 필요한 곳에 있으면 유익한 사람이지만 있어선 안 될 곳에 있으면 잡초일 뿐이다.

지난해에 이어 새해가 시작되자마자 보도되는 이른바 '갑질' 사건들을 보면서 그의 인터뷰가 생각났다. 우리 주변에는 잡초가 된 사람들이 얼마나 많은가. 잡초도 그들만의 곡절과 사연이 있다. 우리가 살필 것은 잡초로 놓이게 된 상황이다. 남이야 눈살을 찌푸리든 말든 제자리 아닌 곳에 비집고 들어가는 사람이 있는 반면, 스스로도 들고 싶지 않은 자리에 들어갈 수밖에 없는 사람도 있는 것이다. 전자는 다른 사람들에게 해가 되고, 후자는 스스로에게 해가 된다.

어쩌다 이런저런 송사에 휘말리게 되면 거기엔 반드시 '브로커'라는 사람들이 붙는다. 없어도 되지만, 한쪽만 없으면 손해 보기 십상이라 당사자 양쪽은 소송이 진행되는 동안 그들을 곁에 두기 마련이다. 이 모두가 자신이 서지 말아야 할 자리에 서 있는 잡초 같은 사람 아니겠는가. 이들은 '을'도 아니면서 '슈퍼 갑질'을 해대며 사람을 힘들게 한다.

그들은 대개가 번듯한 인물에다 뛰어난 친화력, 유창한 언변, 빠른 두뇌 회전력을 두루 갖춘 사람들이다. 이들이 만약 자신의 격에 맞는 다른 일에 종사했더라면 출중한 능력으로 세상을 유익하게 했을 것이다.

중국 당唐나라에서는 인재를 등용하는 기준으로 신언서판身言書判, 즉 네 가지의 조건을 살폈다 한다. 신身은 사람의 풍채와 용모를 말하며, 언言은 언변을 뜻하고, 서書는 지식을 의미하고, 판判은 상황에 대한 판단력을 의미한다는 것쯤은 새삼스러운 설명일 터이다.

네 가지를 대부분을 갖추었다 할지라도 신언서판身言書判 중 마지막인 판단력이 부족하게 되면 자신도 모르는 사이에 자신을 망치고 세상에 잡초가 되는 경우가 허다하다는 것이다.

세상에는 스스로의 의지와 무관하게 자신이 원하지 않는 자리에 서는 사람도 많다. 가정형편상, 불의의 사고로 자신의 이상을 접고 암울한 상황을 견디려 노력하는 사람들이 도처에 있다. 그러나 이들에 대한 사회적 대접은 차갑기만 하다.

얼마 전에는 아파트 경비원들의 문제로 떠들썩하더니, 모 항공사 로열 패밀리의 '갑질'에 이어, 엊그제는 모 백화점 주차장에서 아르바이트하는 청년을 무릎 꿇린 모녀의 뉴스로 세상이 떠들썩했다.

항공기 부사장이나 백화점 주차장에서 두 모녀에게 무릎 꿇은 아르바이트생이나 제자리에 잘못 서기는 매일반이다. 그러나 조금만 들여다보면 두 개의 사정은 판이하게 다르다는 것을 알 수 있다.

항공 기업체는 개인 사업체라 해도 특성상 공공 운수기관이다. 수

많은 탑승객의 생명이 담보되어 있는 것이다. 그런데도 개인적인 감정에 의해 장난감 비행기를 다루듯 이륙하는 비행기를 회항하게 한 그녀는 분명 그 자리에 있어서는 안 되는 '잡초'가 아니었을까.

반면 백화점 아르바이트생은 가정 형편상 어쩔 수 없이 그곳에 있었고, 고급 세단을 탄 모녀에게 큰 상처를 받았다. 환경에 떠밀려 그 자리에 있었던 젊은이는 불가피하게도 슬픈 '잡초'가 될 수밖에 없었다. 설사 젊은이에게 얼마쯤의 잘못이 있었더라도 지나친 처사를 서슴지 않는 모녀도 잘못된 자리에 서 있기는 마찬가지였다.

사람은 삶의 긴 행로에 첫 단추를 잘못 끼워 잘못된 자리에 서 있을 수도 있다. 그런데 자리를 잘 잡은 사람도 순간의 잘못된 판단으로 옳지 않은 잡초의 자리에 서기도 한다. 그때그때의 상황에 따라 해로운 잡초가 되었다가 이로운 약초가 되기도 하는 것이다. 두말할 필요 없이 자신을 성찰하는 수련 없이는 우리는 언제든 잡초로 전락할 수 있다는 말일 게다.

새해다. 약초는 아니더라도 잡초는 되지 말자. 새삼 나 자신에게 하는 말이다.

명정 골짜기의 빨래터

화창한 날씨를 틈타 벼르던 이불 빨래를 한다. 장마철이라 햇살이 반짝하는 날이 있으면 이를 놓칠세라 세탁하는 것이 주부들의 공통된 일상사다. 버튼을 누른다. 그런데 어찌된 일이람. 세탁기가 작동하지 않는다.

몇 번을 시도하다가 서비스센터에 출장 요청을 한다. 그런데 금요일이라서 아무리 빨라도 다음 월요일에나 들르겠다니 정말 낭패다. 손빨래를 하자니 생각만으로도 심란하다. 아무리 고단해도 손빨래만 하던 시절엔 어찌 살았을까. 욕조에 물을 받고 이불을 담근 뒤 소파에 앉아 잠시 숨을 고르려니 불현듯 새댁 시절이 생각난다.

시댁은 가파른 언덕배기에 있었다. 결혼 전에 딱 두 번 그 집을 방문했을 때 집이나 살림 규모는 눈에 안 보이고, 그가 보여준 방에 놓여 있는 전축과 기타가 눈에 들어왔다. 우리 집에는 없던, 전축을 켜고 기타를 치며 노래 부르던 청년의 모습이 멋있어 보였다.

명정동과 문화동 경계의 먼당에 있는 시댁은 두 칸짜리 옛날 집이었다. 당시 대부분의 집들은 연탄불을 지폈는데 시댁은 구식 장작 아궁이를 사용하고 있었다.

이른 새벽에 일어나 불 때서 밥 짓고, 상수도가 없던 때라 늦은 밤 시간에야 문화배수지에서 흘러나오는 물을 긷거나, 멀리 떨어진 정당 샘에서 길어 와야 했다. 하루를 지내자면 아껴써도 열 동이의 물이 필요했으니 그 물항아리를 채우는 일이 만만한 노동이 아니었다.

그중에서도 가장 먼저 부딪힌 일은 빨래였다. 당시 우리 가족은 시부모님, 시동생, 친척 조카, 그리고 우리 부부와 연년생 아이들까지 여덟의 대식구였다. 본채 옆에 ㄱ자로 이어서 만든 방이 우리가 신혼 시절부터 사용한 방이었다. 여덟 식구가 오글거리면서 내놓은 빨랫감에다 아이들 기저귀까지 합치면 아무리 큰 빨랫대야라도 부족했다. 때문에 길어온 물로 빨래를 한다는 건 불가능한 일이었다.

시부모님의 한복은 일반 빨래보다 더 까다롭고 힘들었다. 정담 샘

옆에 유료 빨래터가 있었지만 입장료 때문에 생각할 수도 없었다. 할 수 없이 동네 아낙 두세 명과 빨랫감을 이고 명정 골짜기에 있는 빨래터에 가기 위해 경사진 산길을 오르내려야 했다.

시어른들 한복을 물에 풀어놓으면 어찌 그리도 큰지 바지 하나 빠는데도 힘이 부쳐 현기증이 날 지경이었다. 내 키만 한 시아버지 한복 바지나 시어머니 치마는 한 번 치대고 헹구는 데만도 몇 번을 일어섰다 앉았다 해야 했다. 손등으로 콧물을 훔쳐가면서 빨래를 마치자면 처량한 생각이 들었다.

무엇보다 겨울 빨래가 가장 힘들었다. 고무장갑이 없던 그때는 손이 꽁꽁 얼었다가 나중에는 벌겋게 부어올랐다. 그때쯤 알게 된 게 언 손을 녹이는 법이었다. 처음에는 창피하기도 하고 눈치도 보여서 도저히 그리할 수 없다고 생각했는데, 상황에 밀리니까 언 손에다 오줌을 쏟아 녹이곤 했다.

그날도 산골짜기 빨래터로 올라가 돌로 얼음장을 깨고 빨래를 하는데 바람이 어찌나 세차던지 손이 얼어서 빨래를 치댈 수가 없었다. 손을 비비고 호호 불어도 보았지만 언 손은 녹지 않았다. 어쩔 수 없이 주변의 눈치를 보면서 쪼그리고 앉아 바가지에 오줌을 받아서 손을 녹였다. 순간 서러운 생각이 들었지만, 친정에서 겪었던 마음고생에 비하랴. 넉넉하지만 가슴 졸이며 지냈던 친정보다는, 가난하고 고생스러워도 시집살이가 더 행복했다.

세월이 많이 흘러 그 시절의 얘기는 이제 옛이야기가 되고 말았지만 떠올릴 적마다 따사로운 한 편의 양지처럼 마냥 오롯하다. 요즘은 연탄마저도 옛이야기이고, 가스 난방에 빨래는 아무리 산더미여도 세탁기가 전담하고 주부는 곁에서 버튼을 누르고 "빨래 끝!"을 외치기만 하면 된다.

소파에서 일어나 욕조에 담가둔 이불을 밟는다. 따뜻한 물의 온도와 부드러운 이불의 감촉이 자근거리는 내 발에 느껴진다. 콧노래가 저절로 나온다.

이불 말리는 일은 시원한 바람과 햇볕에게 맡겼으니 그 또한 감사하다. 옛날 명정 골짜기 바위에 널어 말렸던 시어른들의 한복 자락이 눈앞에 펄럭인다.

이름이 갖는 의미
못 하나가 없어서
다듬이 소리
하루살이
개가 상전인 세상
어둠을 밝히는 노래
전어 대가리와 며느리
이 또한 지나가리라
내 인생의 영화 한 편
빗속을 달리다

2부

못 하나가 없어서

우리나라도 정치인들이 앞다투어 쏟아내는 그 생색내기 포퓰리즘이 여전하다. 정치인들로서는 선심성 정책이라도 표만 된다면 못 뛰어들 불구덩이가 있겠는가. 망하고 흥하고는 그다음이다. 그리스 사태는 우리에게 분명 강 건너 불구경이 아니다.

이름이 갖는 의미

오랜만에 귀촌 생활을 하는 옥희 집에 갔다. 행사가 있어 가까운 사람 셋이서 카풀하여 다녀오는 길에 근처에 있는 그녀 집을 방문한 것이다.

작은 계곡을 끼고 있는 옥희 집은 예전에 왔을 때와는 많이 달라져 있었다. 곳곳에 손길이 닿은 흔적이 역력했다. 썰렁했던 마당에는 잔디와 돌이 깔려 있고, 화단에는 갖가지 야생화가 오밀조밀 정겹게도 피었다. 우리는 박물관을 구경하듯 집 주변을 돌며 이모저모를 구경했다.

마당 옆에는 자그마한 텃밭이 있고 고추와 가지, 상추를 비롯한 갖가지 채소들이 햇살을 만끽하고 있었다. 뒤쪽으로 있는 닭장의 닭

여덟 마리가 우리를 경계하는 눈으로 쳐다보고, 그 근처에 목줄이 묶인 개는 꼬리를 흔들며 반갑다고 난리였다.

함께 온 영아는 닭장을 들여다보며 입이 함지박만 해졌다.

"안됐다. 오늘이 초복인데 우리가 손님으로 왔으니 너네가 희생해야겠네."

우리는 "맞아, 맞아." 맞장구치며 웃었다.

초복이라 꽤 더웠는데 마당 귀퉁이의 정자에 앉으니 산그늘이 내려오고 산들바람까지 불어와 시원했다. 처음 이 집을 방문했을 때는 썰렁한 모습에 어쩐지 서글프다는 느낌마저 들었다. 그러나 손때 묻은 시간과 정성이 가꾸어낸 지금의 모습은 오히려 부럽기까지 했다. 아직도 촘촘한 아파트에 살고 있는 나에게는 그야말로 꿈같은 별천지였다.

안주인이 내온 블루베리 주스를 마시면서 "나도 이렇게 한번 살아봤으면!"이라는 말이 절로 나왔다. 블루베리는 그들이 직접 재배한 것이라고 했다. 요즘 추세에 맞춰 아로니아 재배를 계획 중이란다. 여기 들어와서 고생하며 땅을 개간하고 집을 가꾸면서 보낸 첫 이 년이 제일 힘들었다고.

웃고 수다를 떨다 보니 시간은 어느덧 여섯 시를 넘어가고 있었다. 도와준다는 것도 마다하며 그녀가 준비해 온 저녁식사는 그야말로 '그린필드'였다. 나물 몇 가지와 오이냉국과 산야초장아찌가 밥상의 전부였다. 다들 다른 생각이 있던 터라 마주보며 웃다가 영아가 말했다.

"여긴 초복에 고기 안 먹니? 저기 닭도 있던데?"

그러자 옥희는 손을 휘저으며 어림없다는 표정이었다. 다들 집에서 부화한 닭들인데, 손자들이 이름을 붙여놨다는 것이다. 부모격인 철수와 영희가 있고, 그 밑으로 호롱이, 초롱이, 아롱이, 다롱이 등.

그런데 이름을 붙이자 정말 이상한 일이 일어났다고 한다. 이름을 부르는 순간 닭은 가축이 아니라, 가족 구성원이라는 느낌이 들기 시작했다는 것이다. 그중 한 마리를 먹는다면 철수나 영희를 먹겠다는 것이니 끔찍한 생각이 들지 않겠냐고 되묻는 데는 할말이 없었다.

우리는 갖은 나물에다 참기름과 고추장을 넣고 밥을 비볐다. 정자에서 먹는 산채비빔밥은 정말 맛있고, 오이냉국은 복날에 충분하다 싶게 시원새콤했다. 하긴 요즘은 너무 잘 먹어서 복날에 고기보다는 채소를 먹는 게 건강에 좋을 것도 같았다.

돌아오는 차 속에서 김춘수 시인의 시 〈꽃〉 한 구절을 떠올렸다.

"내가 그의 이름을 불러주었을 때/ 그는 나에게로 와서/ 꽃이 되었다”

얼마나 오묘한 의미를 담고 있는가.

모든 사물은 이름이 없을 때는 존재하지 않는 것과 다름없다. 비록 한 마리 닭에 불과하지만 사람과 같은 이름을 갖는 순간 그놈들은 가족의 일원이 되는 것이다. 닭이라는 종별 명칭은 이름이 아니다. 그저 가축으로 분류하는 명칭일 뿐, 그러나 한 마리 한 마리가 개별적 이름을 얻는 순간 그들은 존중받는 가족이 된 것이니 이름이 주는 의미는 정말 대단하다.

지어진 이름도 언제 불렸는지 까마득하게 잊고 사는 사람들도 많다. 바로 주부들이다. 결혼하는 순간 누군가의 엄마, 아내, 아줌마, 할머니라는 분류 명칭으로만 불렸을 뿐. 여자들 세상이라고 말하는 지금도 그렇다.

우리도 때로는 누군가가 이름을 불러주기를 원한다. 아직도 누군가에게 의미 있는 그리고 존중받는 ‘꽃’이 되고 싶은 까닭이다.

못 하나가 없어서

안 그래도 바쁜 아침에 도로가 불통이다. 비마저 주룩주룩 내리는데 길은 좀체 뚫리지 않는다. 나야 그렇다 치더라도 이럴 때 출근 시간에 쫓기는 사람들은 보통 급한 마음이 아니겠다. 차 문을 내리고 머리를 쭉 빼보는 사람, 마구잡이로 경적을 울리는 사람들로 길은 먹통이 되어버렸다.

강물처럼 느리게 움직이던 길이 한참 만에야 조금씩 속도를 내기 시작하는데, 아닌 게 아니라 앞에 큰 사고가 나 있었다. 엔진룸 부분이 통째로 날아가버린 소형차와 멀쩡한 1톤 트럭이 두 차선을 물고 있었다. 저런 상태라면 소형차 운전자는 많이 다쳤을 듯싶다.

문득 오래전의 일 하나가 생각났다. 지인 중에 남극과 북극을 왔다갔다 하는 이중 성격의 소유자가 있다. 그는 여자지만 일을 할 때는 매사 밀어붙이는 성격으로, 눈앞에 일을 두고는 절대 지나치지 못한다. 체격도 건장하고 목소리도 걸걸해서 누가 봐도 완전 여장부다. 그런데 사소한 일상에서는 그리 게으를 수가 없다. 빨래를 모아서 세탁하려다 보니 두 식구 살림에도 세탁기가 두 대다. 차 안을 보면 너저분함의 극치여서 '저 사람 그 바지런한 누구 맞아?' 할 정도로 딴판이다. 기름 넣는 게 귀찮아 조금만 더, 조금만 더 하다가 일 년에 네댓 번은 보험회사 비상호출 서비스를 부르기 일쑤다.

비만 오면 앞이 안 보인다고 와이퍼가 닳아서 봄부터 '갈아야 하는데 갈아야 하는데.'라고 투덜거리면서 이러구러 시간만 보내다가 교통사고로 병원에 입원하기도 했다. 물론 그 이유가 와이퍼 때문이었다.

장보기 귀찮다고 한 번에 열흘치씩 보는데 그날도 저녁 무렵 마트에서 물건을 싹쓸이하다시피하고 집으로 가는 길이었다. 낡은 와이퍼 때문에 흐린 차창 너머를 가자미눈으로 꼬나보면서 비가 쏟아지는 길을 달리다가 중앙선을 넘었다는 게 아닌가.

억수 같은 비 때문에 속도가 느려서 그나마 다리가 부러지고 목이 삐는 정도에 그쳤지만 더 큰 사고로 이어졌을지 어찌 알랴. 배짱 좋게도 그녀는 침대에 누워서 깨진 계란과 주스 병 타령을 하고 있지만 사실 그녀의 무감각한 게으름(?)이 황천길을 재촉할 뻔한 것이다.

나 역시 다른 사람의 준비 부족을 탓할 자격이 못 된다. 재래시장에서 물건을 구입하고 계산을 하려다가 지갑을 놓고 와서 삼십여 분을 달려 집에 갔다 오는 게 여러 번이다. 그뿐인가. 어떤 때는 다시 가져온 지갑에 돈이 없어 죄인처럼 머리 숙이고 곤혹스러워했던 일도 있었다. 사소한 부주의로 낭패당했던 일이 부지기수다.

오래전 들었던 영국 민요에 이런 노래가 있다. 꼭 내게 들려주는 말인 것 같다.

못 하나가 없어서 말편자가 망가졌다네.
말편자가 없어서 말이 다쳤다네.
말이 다쳐서 기사가 부상당했다네.
기사가 부상당해 전투에서 졌다네.
전투에서 져서 나라가 망했다네.
단지 못 하나가 없어서 나라가 망했다네.

개인의 준비 부족은 개인 하나로 끝나지만, 나라를 운영하는 사람들의 무신경은 국가적 대란을 부를 수도 있다. 요즘 유럽 선진국 중의 하나였던 그리스의 디폴트 사태를 보면서 왠지 모를 불안감이 앞

선다.

우리나라도 정치인들이 앞다투어 쏟아내는 그 생색내기 포퓰리즘이 여전하다. 정치인들로서는 선심성 정책이라도 표만 된다면 못 뛰어들 불구덩이가 있겠는가. 망하고 흥하고는 그다음이다. 그리스 사태는 우리에게 분명 강 건너 불구경이 아니다.

유비무환이라고 했다. 지난 시대에 우리는 이 말을 귀에 딱지가 앉을 만큼 들어가며 오늘의 대한민국을 만들었다. 그러고 나서 우리는 국제무대에서 괄목할 만큼 달라졌다. 하나 항시 양지 다음에 웅크린 음지처럼 정신 바짝 차려야 할 일들이 어찌 한둘인가. '헌법 때문이 아니라, 못 하나 때문에' 나라가 잘못되는 일은 없어야 하리라.

다듬이 소리

여름이 가고 가을이 다가오면 들려오는 정겨운 소리가 있다. 여름 끝을 알리던 한낮의 매미, 가을을 재촉하는 귀뚜라미 울음, 그리고 자장가처럼 들려오던 엄마의 다듬이질 소리다.

내 어린 시절 듣던 다듬이 소리는 자장가 같은 것이었다. 경쾌한 소리와 일정한 규칙의 리듬을 타고 높낮이를 반복하는 소리를 듣다 보면 어느새 나는 꿈나라로 가 있었었다.

그 소리는 사철 들을 수 있지만 가을이 제격이다. 여름이 가기 전에 냄새 배인 눅눅한 솜이불의 광목천을 벗겨내고 빨래터에서 시원하게 두드려 빨아 가을 햇살에 말렸다. 그래야 지난겨울 이불에 배었던 사람 체취와 장마철에 눅눅했던 곰팡이 냄새를 걷어내고 산뜻한 마음으로 다음해 봄까지 덮을 수 있기 때문이다.

풀을 먹인 광목 이불 홑청이 덜 말랐을 때 네모 반듯하게 개어 다듬잇돌 위에 올려놓고 방망이로 두들겼다. 수분이 약간 남아 있을 때 다듬이질을 해야 맛도 나고 주름이 잘 펴졌다.

어린 날 저녁을 먹고 나면 이집 저집에서 다듬이질 소리가 들려오곤 했다. 대게 규칙적이지만 때로는 불규칙하기도 했고, 평소보다 높거나 리듬이 빨라질 때도 있었다. 그러면 엄마는 혼잣말을 하였다.

"숙이네 남편하고 싸웠나? 아까운 이불 호충 다 해지겠네. 차라리 서방 등짝이나 후릴 일이지."

그래놓고는 혼자서 웃었다. 남편 등짝을 후리라는 말을 해놓고, 엄마가 통쾌했으리라고 생각한 것은 꽤나 나이가 든 뒤의 일이었다.

신혼시절이었다. 시어머니는 나를 아껴주고 여러 가지로 배려해 주었다. 지금도 그 고마움을 생각하면 마음에 사무친다. 그런데 남편과 내가 다투기라도 하면 그때는 결코 내 편이 아니었다.

시부모님은 주로 한복을 입었다. 한복 빨래를 하거나 이불 천을 뜯어 세탁을 하면 나와 시어머니는 저녁상을 물린 뒤 함께 다듬이질을 하곤 했다.

언제였던가. 그날도 무엇 때문인가 아침부터 우리 부부 사이에 약간의 불화가 있었다. 그것을 보고 있던 시어머니가 전후 사정을 묻지도 않고 나만 꾸짖었다. 하늘같은 남편에게 아내가 대들어서야 되겠냐며 역정을 낸 것이다. 나 또한 다른 때 같았으면 '어머니, 죄송해요.' 했을 것을 그날은 내가 많이 서운했던 것 같다. 섭섭한 마음에 종일 말없이 지냈다.

아침 먹고 개울에 나가 빨아 온 아버지의 한복과 광목이 가을 햇살을 받아 잘 말라가고 있었다. 풀을 끓여 이불 천을 풀 먹여 뒀다가 저녁 먹고 시어머니와 둘이서 다듬이질을 시작했다. 어머니가 먼저 방망이로 리듬을 잡기 시작했고, 나도 곧이어 경쾌한 리듬에 빨려들었다. 한소끔 방망이질이 지나고 이불 홑청을 뒤집어 개는 동안 내가 말문을 열었다.

"아침에는 죄송했어요, 어머니."

어머니는 빙긋이 웃으며 다시금 리듬을 울리기 시작했다. 당신의 미소 한번으로 모든 것이 풀렸던 것이다.

어머니의 손이 조금 더 크게 움직인다 싶으면 방망이 소리가 빨라지고 나도 그에 맞춰 빠르고 강하게 리듬을 탔다. 우리는 마주 보고 알 듯 모를 듯 웃음을 띠다가 빨랫감을 두드렸다. 어머니의 손도 덩달아 빠르게 움직였고 우리는 마주 보고 또 웃었다.

다듬이질 하나로 서로의 처지를 이해하고 여인으로서 겪는 서러움을 함께 공감하면서 고부간의 갈등은 그렇게 해소되곤 하였다.

이제 다듬이 소리는 우리 시대의 저편으로 사라졌다. 하나 시어머니의 속깊은 사랑은 지울 수 없는 그리움으로 남아 있다.

불어오는 가을바람이 소슬하게 느껴질 때 어디선가 다듬이 소리가 소나기처럼 쏟아지는 것 같다.

하루살이

책을 읽는데 갑자기 눈이 따가웠다. 책장 속의 글들이 순식간에 흩어지고 아무것도 보이지 않았다. 눈물마저 질금거렸다. 휴지로 닦았더니 깨알만 한 것이 묻어 나왔다.

열어 놓은 창문으로 날아든 하루살이였다. 그런데 하필이면 뛰어든 곳이 내 눈 속이라니! 하루도 못 채우고 생을 마감하는 하루살이는 참으로 운 없는 놈이다.

생각해보니 하루만 산다 하여 하루살이라고 이름 붙여진 것이 범상치 않다. 백 년 가까이 사는 사람도 억울한 점이 얼마나 많은가. 하루에서 길어봤자 며칠이 전부인 하찮은 생명이지만 그들에게 주어진 나름대로의 삶은 있을 터.

문득 조오현의 시 한 편이 기억 저편에서 걸어 나왔다.

하루라는 오늘/ 오늘이라는 이 하루에// 뜨는 해도 다 보고/ 지는 해도 다 보았다고// 더 이상 더 볼 것 없다고/ 알 까고 죽는 하루살이 떼// 죽을 때가 지났는데도/ 나는 살아 있지만/ 그 어느 날 그 하루도 산 것 같지 않고 보면// 천년을 산다고 해도/ 성자는/ 아득한 하루살이 떼

— 〈아득한 성자〉 전문

책 읽을 기분은 이미 사라졌다. 책장 속의 글자들이 뿔뿔이 흩어지면서 마치 달아나듯 사라지던 영상이 뚜렷하게 각인돼 왔다.

우리가 책을 읽는 것은 그 속에서 지식이나 교훈을 얻거나 진리에 좀 더 다가설 수 있을까 하는 기대치 때문일 것이다. 그러나 진리는 꼭 책 속에만 존재하는 건 아니다. 살아가면서 우연한 계기에 눈을 번쩍 뜰 때가 있고, 실수를 통해 얻는 경우도 있지 않던가.

지금 이 순간 나를 자극하는 것은 책상 위에 펼쳐진 책과 하루살이다. 책 속의 진리를 캐려는 내 눈에, 제 몸 던져 순간의 고통과 눈물을 준 그것의 투신이 그저 우연이었다고 생각하고 싶지 않은 것이다.

수명이 길어진 인간은 100세를 눈앞에 두고 있는데도 부족해 하

며, 가진 것에 대해 만족하기보다는 덜 가진 것을 불평만 한다.

조오현의 시구처럼 "오늘이라는 이 하루에// 뜨는 해도 보고/ 지는 해도 다 보았다."고 미련 없이 세상을 뜨는 그놈들의 생이 보잘 것 없는 것이라고 치부해 버리기는 뭔가 아쉽지 않은가. 신이 녀석들을 세상에 내보냈을 때에는 그만한 이유가 있을 것이다. 실상 우리는 칠팔십 년을 산다고 생각하지만 어제가 오늘 같고 오늘이 내일과 다름없는 무한無限 반복의 하루살이가 아니던가.

매일 똑같은 생활을 반복하면서 욕망에 매달리며 삶을 증오하고 사는 것이, 하루 세상 구경으로 미련 없이 떠나는 하루살이보다 나은 점이 무엇일까.

새벽에 알에서 깨어나 뜨는 해를 보며 하루를 낭비 없이 보낸 뒤, 해 질 녘이면 짝을 불러 2세를 생산한다. 그런 후 불 속으로 뛰어들어 생을 마감하는 모습은 가상하기까지 하다.

아침에 깨달음을 얻으면 저녁에 죽어도 원이 없다는 것이 구도자의 삶이다. 인생의 후반기에 선 나는 지금까지 무얼 깨달았는가? 책 속에서 누군가가 경험하고 일러준 것을 그저 받기만 했을 뿐, 나 스스로 삶의 두렵고 깊은 심연으로 뛰어들 생각을 해보지 않았다.

나는 휴짓조각을 들고 베란다로 나왔다. 불을 붙여 하루살이의 다

비식을 행했다. 남들이 웃을는지 몰라도 하나의 약속을 다짐하는 엄숙한 제의였다. 순식간에 불은 꺼지고 흰 연기 한 줄이 허공을 가로질러 올랐다.

개가 상전인 세상

얼마 전 아들이 깜찍한 치와와 한 살배기를 데리고 왔다. 자식들 모두 떠나보내고 집이 썰렁하니 한 마리 키우라는 것이다. 지금껏 청춘을 반납한 채 정신없이 살아온 터에 이제 편안해질 만하니 강아지 수발을 들게 하다니!

요즘엔 개를 '반려견'이라는 정다운 말로 표현하지만, 내겐 그냥 일거리를 늘려주는 존재에 불과했다. 거실에 똥 싸고, 털도 날리고, 패드도 갈아줘야 하니 못 키우겠다는 푸념이 절로 나왔다.

그런데 이게 웬일이람. 남편이 사랑이 보모를 자청하고 나선 것이다. 집안일을 잘 도와주는 양반도 아닌데, 생수와 사료를 챙기며 변도 치우고 빗질도 거르지 않았다. 일주일에 한 번씩 목욕까지 시켜

주며 지극정성으로 돌봐주었다. 그 정성 반만이라도 내게 쏟아 주면 감격할 텐데….

오늘 사랑이 용품을 사러 갔다가 깜짝 놀랐다. 집 안에 사는 개에게 무슨 호사스러운 집이 필요한지 하나에 몇만 원에서 몇십만 원짜리도 있었다. 머리띠며 머리핀, 배낭에 옷값도 만만치 않았다. 솔직히 머리핀 꽂고 옷 입는 걸 강아지가 달가워나 할까? 나는 집 사는 걸 포기하고 사료와 패드만 사가지고 왔다.

참, 아이러니하다는 생각이 들었다. 사람보다 강아지 것이 더 비싸니 말이다. 내 머리 깎는 데는 1만 원 남짓인데 사랑이는 삼사 만 원이고, 우리가 먹는 구충제는 천 원인데 강아지 구충제는 구천 원이었다. 사료도 피부 좋아지는 것에서부터 스트레스 풀어주는 것도 있었다.

언젠가 컬러 염색을 한 애완견이 유모차를 타고 선글라스에 옷 입고 배낭까지 맨 모습을 보았다. 처음엔 신기해서 쳐다보았는데 돌아서 생각해보니 입맛이 씁쓸했다. 애완견을 액세서리로 치장하는 것은 자기만족을 위함이 아닐까. 요즘엔 '된장견'이라는 신조어까지 나왔다고 한다.

내 어릴 적만 해도 사람들은, 이웃에 나들이 가고 이웃과 나눠 먹으며 대소사를 함께했었는데 이젠 그런 풍경은 보기 어렵다. 오히려 찾아가면 부담스러워하고 귀찮은 표정을 짓기도 한다.

혼자 지내는 일에 익숙해지다 보니 그런 것일까. 아이 어른 할 것 없이 스마트폰이나 TV를 즐기고, 노인들은 손주보다는 강아지 하고 지내는 시간이 많아졌다. 스마트폰이나 TV는 모두 일방적이다. 거기에 길들여져 자기 고립을 자초할 위험은 없는지 생각해 볼 일이다.

'반려견.' 물론 좋다.

친정 어머니가 알츠하이머로 투병 중일 때 애완견이 큰 위로가 되었다. 외로운 노인에게 절대복종의 친구가 되어준다는 것은 고마운 일이다.

그러나 개가 절대복종한다지만 한걸음 떨어져 바라보면 인간이 개에게 사랑을 갈구하는 구조 같다. 우리 집에서는 사랑이가 상전이다. 개털에 민감한 나는 내 영역이던 돌침대와 거실까지 점령당해 버렸다.

남편을 보면 반갑다고 꼬리를 흔들지만, 그만큼 베풀기 때문이다. 나도 가끔 친해지고 싶어서 간식을 주는데 먹을 때뿐, 어쩌다 눈치라도 주면 이빨 드러내며 적대감을 표한다. 족보가 있는 놈이라 도도한가 보다.

동물을 사랑하는 것과 동물을 호강시키는 것은 다른 문제가 아닐까. 기본적인 것은 충족시켜 주고 마음으로 교감하는 게 진정한 사랑 아닌가. 개는 개답게 키워야 한다는 게 변함없는 내 지론이다.

애완견이 상전인 세상!

마당에서 밥만 챙겨줘도 고맙다며 꼬리 흔들던 '똥개' 누렁이의 소박하고 순수함이 오늘따라 귀하게 느껴진다.

어둠을 밝히는 노래

TV를 켰다. 깜깜한 화면 속에서 음악이 흘러나왔다. 납량물인가 싶어 숨죽이고 보는데, 두 사람의 실루엣이 보이기 시작했다.

"원 참, 무슨 사람이 한밤중에?"

싱겁다는 생각을 하며 채널을 돌리려는데 화면이 클로즈업되면서 두 사람의 얼굴이 크게 다가왔다. 맙소사!

내가 그 부부를 만난 건 〈순간 포착 세상에 이런 일이〉에서다.

그들은 시각장애 1급으로 아내는 다섯 살에, 남편은 25세 때 사고로 시력을 잃었다고 한다. 어두운 밤, 산을 오르는 부부는 서로에게 의지하며 비틀거림 없이 정확하게 발을 앞으로 내딛고 있었다. 어차

피 한 줄기 빛도 보이지 않으니 밤이든 낮이든 상관없었을 터이다.

산은 곳곳에 위험이 도사리고 있다. 눈이 보이지 않는 사람끼리의 산행은 보통사람의 상식으로는 상상조차 힘들다.

부부가 산을 오르기 시작한 지 21년. 돌멩이를 잘못 밟아 미끄러지거나, 나뭇가지에 걸려 상처 입는 일은 다반사였을 것이다. 고난과 시행착오를 극복하고 이제는 보문산 구석구석이 눈으로 보듯 훤해 산을 오르는 게 어렵지 않다고 한다. 그들에겐 너무나도 익숙한 일상이었다.

다른 사람들에게 불편을 주지 않으려 새벽 세 시에 아내가 노래와 박수로써 자신의 위치를 알려주는 방식으로 오른다고 했다. 정상에 가려면 가파른 경사 길과 7백여 개나 되는 아찔한 계단을 거쳐야 한다. 위험이 시퍼렇지만 앞장서서 이끌어주는 듬직한 남편과 함께하는 아내가 있어 마음 편하게 산을 오른다는 그들. 정상에 올라 사방에서 불어오는 바람과 코끝에 와 닿는 솔 향과 새의 지저귐까지 들을 수 있으니 행복하다며 활짝 웃었다.

하루하루가 거친 도전의 삶이지만 가정에서도 서로를 따사롭게 배려하는 마음이 눈물겨웠다. 앞을 못 보는 그들이지만 살림살이가 나보다 깔끔했다. 아내는 밥이며 반찬을 척척 해냈고 생선 가시도 세심하게 발라내어 안마사로 일하는 남편에게 먹여 주기까지 했다.

말끔하게 정돈된 주방이며 깨끗한 실내는 그렇다손 치더라도 서로가 서로를 배려하는 그 따뜻한 마음은 뉘라서 흉내 내랴.

더욱이 놀라운 것은 그런 아내가 라디오 강의를 들으며 공부에 열심이었다. 46세부터 꾸준히 공부하여 지금은 행정 · 법학 · 사회복지학 등 대학졸업장이 3개라고 한다.

그야말로 도전의 삶을 살아가는, 나에겐 없는 마음의 눈을 가진 사람들이다. 산을 오를 용기를 가지고 있다는 것과 그 위태위태한 모험을 부부가 함께 감행했다는 것 아름답지 않은가. 부부라고 모두가 그런 끈끈한 애정관계를 맺어가는 것은 아니다. 서로 존중하고, 위험을 함께 극복하며, 때로는 도전하는 진정한 인생살이를 나는 그들에게서 배우고 있다.

주변을 보면 두 눈 멀쩡히 뜨고도 제 갈 길을 못 가는 사람이 많다. 스스로 행동에 옮겨보지도 않고 눈에 보이는 요행이나 바라는 사람. 남이 잘되는 것은 배 아프고 한탕주의나 바라는 도박사들. 실패 앞에 주저앉아 재기하려 노력하기보다는 그저 세상에 저주나 퍼붓는 사람들. 그들이야말로 온통 암흑뿐인 영혼의 시각장애인이 아닌가?

나 자신에게 질문을 던져보았다.

'세상을 살아오면서 과연, 얼마나 모험을 겁내지 않고 몸을 던져

난관을 극복했는가? 당당하게 세상을 개척하고, 긍정적인 사관史觀으로 세상과 마주했는가?'

이쯤에 와서 내가 많이 작아졌다.

시각장애인이 등불을 들고 밤길을 나서는 것은 자신의 길을 밝히기 위함이 아니라 다른 이가 자신에게 부딪치지 않도록 하기 위한 배려라고 한다. 나는 이날까지 누구를 얼마만큼 배려하며 살아왔던가. 주변 사람들에게 배려하기 위해 얼마나 노력하며 살아왔던가. 가족과 이웃을 배려하기보다는, 오히려 그들의 배려를 기대하며 살아온 것만 같다.

부부가 서로를 사랑한다고 말하는 엔딩 장면에서 송창식의 노래가 배경 음악으로 흘러나왔다. 〈우리는〉이다.

> 우리는 빛이 없는 어둠 속에서도 찾을 수 있는 우리는/ 아주 작은 몸짓 하나로도 느낄 수 있는 우리는/ 우리는 소리 없는 침묵으로도 말할 수 있는 우리는/ 마주치는 눈빛 하나로 모두 알 수 있는 우리는/ 우리는 연인.

어둠 속을 맑게 울리는 노래를 들으며, 그 부부에게 박수를 보냈다.

전어 대가리와 며느리

가을이다. 남해안의 가을은 전어 굽는 냄새로부터 시작된다. 전어는 벼가 익는 9월에서 10월에 살이 통통하게 오르며 다른 어종에 비해 지방질이 풍부해 예부터 횟감으로도 좋지만 구이로 더 즐겼다.

정약전의 ≪자산어보≫에는 "기름이 많고 달콤하다."라고 기록되어 있고, 서유구의 ≪임원경제지≫에는 "그 맛이 좋아 사는 사람이 돈을 생각하지 않기 때문에 전어錢魚라 한다."라고 기록됐다.

전어의 맛을 나타내는 속담도 많다.

"가을 전어 대가리엔 참깨가 서 말."

"전어 굽는 냄새에 집 나갔던 며느리 다시 돌아온다."

"전어는 며느리 친정 간 사이 문 걸어 잠그고 먹는다."는 표현에서 우리 조상들이 가을 전어의 맛을 높이 샀다는 것을 알 수 있다. 그리고 봄 주꾸미와 도다리 맛을 못 잊어 집 나간 며느리 돌아온다는 등 생선 맛과 며느리를 비유한 이야기가 많다.

옛 어촌에서는 집 나간 며느리가 왜 그리도 많았을까? 가부장제가 엄격하던 시절에 며느리가 집을 나간다는 것은 예삿일이 아니다. 집안에 사단이 났거나, 며느리의 친정 쪽에 그만한 곡절이 있었을 것이다. 그러나 구전口傳 속에는 며느리의 사정 이야기는 없다. 가령 며느리가 외간 사내와 눈이 맞아 집을 나갔다면 전어가 아니라 더한 것을 굽는데도 돌아올 생각은 하지 않으리라. 그러니 집 나간 며느리가 생선 맛 때문에 돌아온다는 이야기는 어찌 보면 여인들을 모독하는 것이나 다름없다.

어촌의 여인들이 집을 나갔다면 전어錢魚라는 이름에서 유추해 볼 수 있지 않을까. 너나 없이 힘들어하던 시절, 어촌이든 농촌이든 팍팍한 살림살이에 빚 없는 집은 없었을 터. 설상가상으로 시부모 병구완에 남편이 고기잡이라도 나가고 나면 며느리에게 빚쟁이란 진저리치는 대상이었을 것이다. 그것은 가출의 이유가 될 수 있지 않을까. 그때 남편이 '돈고기'라 불리는 전어를 풍성하게 잡아 와 동네에서 전어 굽는 냄새—(돈 냄새)가 난다면 며느리가 돌아올 상황이 마련되는 셈이다. 고부간의 갈등도 마찬가지다. 편들어 줄 남편이 돌아왔으니 며느리가 돌아올 여건 또한 되지 않겠는가.

지금은 자존감으로 가득 찬 여성의 시대다. 여성들은 존중받기 원하고 평등한 인격으로 대해주기를 기대한다.

고소한 전어구이에 기분 좋게 술 한잔 하면서 "전어 굽는 냄새에 집 나간 며느리…."라는 이야기는 이제부터는 하지 않았으면 좋겠다.

이 또한 지나가리라

유대인의 경전 ≪미드라쉬≫에 나오는 '다윗반지'가 가슴 깊이 와닿은 건 최근에 큰 고통을 겪고 나서다.

다윗 왕은 어느 날, 궁중의 세공장을 불러 반지를 만들라고 지시했다.

"내가 승리를 거둬 기쁨을 억제하지 못할 때 자제할 수 있고, 큰 절망에 빠졌을 때 좌절하지 않고 용기를 얻을 수 있는 글귀를 반지에 새기도록 하라."

왕명을 받은 세공장은 몇 날을 고민하다가 다윗의 아들 솔로몬에게 지혜를 구했다. 솔로몬 왕자는 고뇌 끝에 말했다.

"이렇게 적어라. '이 또한 지나가리라(Soon it shall also come to pass).'

왕이 승리에 도취한 순간 그 글귀를 보면 자만심이 가라앉을 것이고, 절망 중에 그 글을 보면 다시 자신감을 얻어 마음의 평정을 유지하게 될 것이다."

나는 장녀로 태어났다. 아래로 남동생 넷에 여동생이 하나 있었다. 그런데 이제 남은 동생은 남동생 하나에 여동생이 하나다. 20여 년 전, 5년 전, 그리고 얼마 전에 동생들을 하나하나 떠나보냈다. 이들 모두가 전혀 예상치 못한 이별이었기에 작별인사를 나누지도 못했다.

남동생의 비보를 전해들었을 때 하늘이 그리도 원망스러울 수가 없었다. 저주를 받았다는 생각마저 들었다.

"열심히 살려는 사람을 데려가시다니요? 제가 전생에 무슨 죄가 많아서 한 번도 두 번도 아닌 세 번씩이나 겪게 하십니까?"

자조적인 탄식이 불화산처럼 터져 나왔다.

나는 참으로 못난 누나였다. 동생들에게 애틋한 정 한번 주지 못했다. 일찍 결혼하여 바닥부터 시작하다 보니 친정에 신경 쓸 여력이 없었다. 그러나 정을 줄 여유가 없었을 뿐 정을 나누고 싶은 마음까지 없었던 건 아니다. 조금 더 나아지면, 조금 더 삶의 무게가 가벼워지면…, 하다 보니 훌쩍 시간은 가버렸고 동생들의 빈자리만

남게 되었다. 호탕한 웃음소리가 인상적이던 그의 갑작스런 부재가 이토록 가슴 아픈 것은, 제 수명을 다하지 못한 아쉬움과 누나로서 더 베풀지 못한 자책감 때문이다.

납골당에 안치하고 먼저 온 망자들의 사진을 보니 어린애도 있고, 젊은 새댁도 있었다. 그 가족들의 비통함까지 뼛속 깊이 저려오면서 눈물샘이 터져버렸다. 눈물을 참으려니 심장이 터질 것만 같았다. 속울음을 삼키니 숨통이 턱턱 막혔다.

동생을 그렇게 보내고 한 주는 실감하지 못한 채로, 또 한 주는 넋을 놓은 채로 지내다가 스스로를 추슬러야 한다는 생각이 들었다. 사고 수습을 해야 하고, 아버지 잃은 조카들에게 고모로서의 역할도 해야 했다.

나를 위로하기 위한 구실로, 납골당의 어린아이와 젊은 주부를 생각해냈다. 말도 안 되는 이야기인 줄 안다. 사람은 고통이나 절망이 닥치면 자기방어를 위한 변명과 행동이 따르는 것인가. 납골당 사진 속 아이의 부모는 사진의 빛이 바랜 만큼 고통의 암울한 색깔도 바래졌을까? 또 웃고 있는 사진 속의 새댁, 그 남편은 어떨까? 그의 자식과 부모는? 온갖 상념에 젖어 있는데 다윗 반지의 글귀 '이 또한 이내 지나가리라.'가 불현듯 떠오른 것이다.

예전에는 읽고 그냥 지나쳤는데 지금은 내게 위안이 되는 문구가 되었다.

그렇다. 시간은 마음 따라 흐르는 법. 초조해하거나 집착하면 시간은 한없이 더디 흐르고, 마음을 비우면 유수처럼 흘러갈 것이다. 가슴에 상처 없는 사람 어디 있으랴. 만사는 생각하기 나름이고 세상은 내 생각 속에서 내가 만드는 것임을.

나는 앞으로 얼마나 더 세상에 존재하게 될까. 어느 날 내가 부재할 때 나를 알았던 사람들은 얼마만큼 나를 생각할까. 죽음을 서러워하던 사람들도 시간이 흐르면 슬픔이나 고통이 흑백사진처럼 빛바래지겠지.

죽음은 항상 우리 곁에 있는 것. 어제를 묻고 오늘을 충실하게 살아내야 하는 것이 인간사 아니던가.

별리別離의 아픔과 고통, 하늘 아래 영원한 것은 없다. 내게 있어 사월은 잔인한 계절이었다. 인간사 무수한 인연의 마무리처럼 시간이 흐르면 이 또한 지나가리라.

내 인생의 영화 한 편

– 〈가을의 전설〉은 울창하다

오래전에 보았던 영화 〈가을의 전설〉을 다시 보았다. 1994년 짐 해리슨의 소설을 원작으로 한 영화인데 '에드워드 즈윅' 감독이 연출하였다. 서너 번이나 본 이 영화는 내게 큰 충격을 주었다. 영화 속에서 사랑과 증오와 열정과 일련의 비극적인 사건들을 보며 사랑이란 게 결코 달콤하고 아기자기한 것만은 아니라는 걸 알았다.

20세기 초 미국 서부의 광활한 대지를 배경으로, 한 가족의 사랑과 몰락의 과정을 그리고 있는 〈가을의 전설〉은 인디오 원스탭의 회고로 시작된다.

미 육군 대령 윌리엄 러드로는 퇴역 후 몬태나에 정착하여 목장을 운영하며 세 아들을 키우며 살아간다. 장남은 알프레드(에이단 퀸), 둘째는 트리스탄(브래드 피트), 막내가 새뮤얼(헨리 토마스)인데 성격은 제각각이지만 각별한 형제애를 나눈다.

세월이 흐르고 유학을 떠났던 막내가 약혼녀 수잔나(줄리아 오즈몬드)를 데리고 온다. 그녀를 본 형들의 눈빛이 흔들린다. 그때부터 한 여자를 둘러싼 애증의 관계가 형성되고 이들 형제들의 삶에 파란이 일기 시작한다.

막내가 세계 1차대전이 한창일 때 두 형들과 함께 전선으로 떠난다. 치열한 전투 끝에 막내 새뮤얼은 전사하고, 큰형은 총상을 입고 돌아온다. 몇 년을 떠돌다 집으로 돌아온 둘째 트리스탄은 동생을 지키지 못했다는 자책으로 자신을 학대한다. 그런 그를 감싸주며 사랑을 키워나가던 수잔나 곁을 둘째는 떠나 버린다. 그리고는 방랑길에서 그녀에게 편지 한 통을 보낸다.

"우리 사랑은 끝났소. 나도 죽었소. 다른 사람과 결혼하시오."란 편지를 받고 괴로워하다가 수잔나는 하원의원이 된 장남 알프레드와 결혼하게 된다.

몇 해가 지나 트리스탄이 마소 떼를 몰고 집에 와 보니 가세는 기울었고 아버지마저 중풍에 걸려 실어증에 수족까지 못 쓰고 있었다. 집안을 일으켜 세우기 위해 다시 일을 시작한 둘째는 인디언 집

사의 딸과 결혼하여 두 아들을 얻었고, 아버지의 묵인 아래 주류 밀매업을 한다.

축제장에서 우연히 형님 내외와 트리스탄의 가족이 만난다. 사랑하는 남자, 트리스탄이 두 아이들과 함께 행복해하는 모습을 보고 그녀의 심정은 어떠했을까. 그날 밀주에 얽힌 이권다툼으로 아내가 총에 맞아 죽고 엎친 데 덮친 격으로 경관을 폭행했다는 죄목으로 트리스탄은 구속되고 만다. 면회 온 형수, 수간나는 창살을 사이에 두고 심중의 말을 털어놓는다. 두 사람은 회한과 애증의 눈물을 흘리며 진하게 포옹한다.

"가끔 내가, 당신 두 아이의 엄마라는 꿈을 꾸곤 해요. 나는 당신의 아내가 죽기를 바랐어요. 어쩜 새뮤얼도 죽기를 바랐는지도 몰라요."

그 말을 남기고 그녀는 자살로 생을 마감한다. 자신의 그릇된 욕망으로 두 사람이 죽었을지도 모른다는 죄의식과 이룰 수 없는 사랑 때문이었을까.

자유로운 영혼의 소유자 트리스탄은 사랑하는 두 여인을 가슴에 묻었다. 가을에 태어난 남자 트리스탄은 가을에 정처 없는 길을 떠나며 가을이 만든 전설이 되었다.

이 영화를 본 사람이라면 수잔나를, 세 남자의 마음을 흔들리게 한 여자라며 손가락질할 수도 있겠다. 하나 보석처럼 빛나고 상냥한 그녀의 눈빛을 사랑하지 않을 남자가 어디 있을까. 그녀를 그렇게 만든 것은 남자들이다. 막내는 소영웅심에 약혼녀에 대한 책임을 저버렸고, 둘째는 야성적인 감정 기복으로 그녀에게 등을 돌렸다. 그래서 한 결혼이지만 첫째 알프레드 역시 결혼하지 말았어야 했다. 하지만 사랑이 어찌 상식만으로 이해되는 것인가.

한때 내 자신이 수잔나인 양 그에 대한 짝사랑으로 가슴앓이를 했던 적이 있었다. 울창한 숲과 끝없이 펼쳐진 들과 강을 배경으로 노란 머리칼을 흩날리던 트리스탄 역의 브래드 피트. 정열적이고 반항적이면서도 순수해 보이는 그의 눈빛을 보고 깊이 빠져들기도 했다. 이십 년 지나 다시 보아도 가슴이 뛴다.

현실에서 전설이 되고 싶다면 그 대가를 먼저 생각해야겠지만, 꿈꾸는 것은 대가를 지불하지 않아도 되니 꿈속에서 가을의 전설 속으로 빠져보는 것은 어떨까. 이제는 안젤리나 졸리의 남자가 되었지만, 한 번쯤 젊은 시절의 브래드 피트를 그리며 그를 추억하는 것만으로도 행복하다.

빗속을 달리다

며칠 전부터 지인들을 만날 생각에 콧노래를 흥얼거리며 지냈다. 일에 쫓겨 바쁘게 지내다 보면 가까운 친구들과 만나는 날이 소풍날이나 다름없기 때문이다. 그럴 때면 하루하루 약속 날짜를 손꼽으면서 기다리게 된다.

그런데 하필 약속날, 아침부터 비가 내리기 시작했다. 전날까지 멀쩡하던 하늘에 구름이 몰리더니 기어코 비를 뿌린 것이다. 원래 기약 없이 쏟아지는 것이 봄비라지만 이럴 때면 하늘이 좀 야속하다.

약속 장소까지는 거리가 있는데다가 빗속 운전이 미숙한 터라 걱정이 되었다. 그렇지만 어렵사리 잡은 약속을 되물릴 수는 없는 일. 은근히 가지 않기를 바라는 남편의 염려스러운 눈길을 뒤로하고 차에 시동부터 걸었다.

라디오에서 흘러나오는 노래를 따라 부르며 고성 IC로 접어들었다.

십 분쯤 지났을까. 비는 더 거세게 쏟아져 내리고 엎친 데 덮친 격으로 안개까지 짙게 끼어 한 치 앞도 보이지 않았다.

빗살이 점점 더 거세지더니 차들이 하나둘씩 비상등을 켜며 서행하기 시작했다. 그러나 얼마 지나지 않아 시계 제로가 되고 말았다. 보이는 것은 마주 오는 차의 헤드라이트와 희미하게 보이는 중앙분리대, 차선은 아예 실종된 상태다.

갑자기 불안이 엄습해 왔다. 두 해 전 겨울, 눈 내리던 날의 곤혹스러웠던 일이 생각나서다. 지금의 상황이 그날보다 나을 게 없다. 가끔씩 거칠게 빗줄기 사이를 뚫고 가는 차량이 노면에 고여 있던 빗물을 차에 덮어씌우기도 하니 불안감은 두 배다. 라디오에서 나오는 음악도 이미 귀에는 범벅이다.

반가운 사람을 만난다는 기쁨은 어느새 사라지고 어떻게 여기를 빠져나가야 할지 그게 더 걱정이었다. 갓길에 비상등을 깜빡거리며 멈춘 차량이 보였다. 나도 정지된 차량 뒤에 차를 세웠다.

범람한 물이 넘쳐 길은 이미 개울이나 다름없다. 시간은 가고 초조하기만 했다. 지인에게 조금 늦겠다고 문자로 통보하고 비가 그치기를 기다리는데, 10분 20분이 지나도 빗줄기는 약해질 줄을 모른다.

그 초조함이라니! 약속에 늦고 안 늦고는 뒷전이고 이러다간 뉴스에서처럼 물길에 떠밀려 가는 것이나 아닌가 하는 불안감이 엄습해 왔다. 지난해 장마 통에 버스 한 대가 물길에 떠밀려간 사고가 일어난 곳도 바로 이 근처다.

얼마의 시간이 흘렀을까. 나는 반 넋이 나간 상태가 되어 차창 밖을 주시했다. 그런데 언제부터인지는 모르지만 내가 허밍으로 노래를 부르고 있었다. 아주 혼이 나갔나 봐, 이 와중에 콧노래라니!

노래는 라디오에서 흘러나오는 추억의 영화음악이었다. 1952년 미국 영화 〈사랑은 비를 타고(Singin' in the Rain) 빗속에서 노래한다〉이다. 어쩌면 이 상황에 이 음악이 나왔을까. 불안감은 여전해도 상황은 절묘했다. 나는 가사도 희미해진 그 노래를 콧소리로 따라 부르며 영화 속으로 빠져들었다.

비가 억수같이 쏟아지는 거리에서 양복을 입고 노란 우산을 쓴 채 탭댄스를 추며 사랑을 노래하던 진 켈리의 모습은 당시 여자들의 선망의 대상이 아니었던가.

비를 맞으며 노래하네(I'm singing in the rain)/ 그냥 비를 맞으며 노래하네(Just singing in the rain)/ 이 즐거운 느낌 난 정말 행복해(What a glorious feel ing I'm happy again)

사랑은 모든 사람에게 여유를 갖게 한다. 사랑하는 마음만 있으면 세상은 두려울 게 없다. 사랑하는 마음만 있으면 암흑에서도 행복할 수 있다. 이까짓 비쯤이야! 그쯤 생각하니 안달복달하던 방금 전의 내 모습이 가소로웠다.

저 어두운 밤하늘의 구름을 보면서도 미소 짓고(I'm laughing at clouds So dark up above)/ 마음속에는 태양이 가득 사랑에 빠질 것 같아(Cause the sun's in my heart And I'm ready for love)/ 폭풍을 몰고 오는 구름이 사람들을 쫓고(Let the tormy clouds chase Everyone from the place)/ 비를 맞아도 웃음이 나네(Come ome on with the rain I've a smile on my face)

기분이 좋아지니 하늘도 동화되는지 비가 줄어들면서 조금씩 시야가 트이기 시작했다. 나는 천천히 차를 움직였다. 인생의 길도 이 같지 않은가. 쉬운 길도 있고 뜻하지 않게 어려운 길도 있다. 극복하고 말고는 마음가짐에 있는 것이다. 조바심을 내면 어려움은 더 커지고 긍정적인 생각을 가지면 의외로 일이 쉽게 풀린다.

차가 제 속도를 내며 달리기 시작했다. 나는 운전을 하면서 계속 흥얼거렸다.

> 길을 따라 걸으며 즐거운 노래를 부르네(I'll walk down the lane With a happy refrain)/ 비를 맞으며 노래하네(Cause I'm singing)/ 비를 맞으며 춤을 추네(Dancing in the rain)/ 언제나 나는 즐거워(I'm happy again)

40분 늦게 약속 장소에 도착했다. 40분 동안의 지옥에서, 나는 행복한 천국을 만날 수 있었다. 지옥과 천국은 그 모두가 바로 내 가슴에 있었던 것. 어느 쪽을 선택할지는 오로지 마음먹기에 달린 일, 새삼 인생이란 이런 것이라는 생각이 들었다.

3부

위트 있는 정치를 그리며

유머 화법은 정곡을 찌르면서 웃음을 유도하고 긴장된 상황을 반전시키는 힘이 있는 것이다. 우리도 정치인들에게서 그런 산뜻한 유머 감각을 볼 수 있었으면 좋겠다. 정치에 웃음과 여유가 생긴다면 사람살이에도 그 웃음과 여유가 자연스레 전파되지 않겠는가. 우리 정치인들에게 그것을 기대하는 것은 정말 어려운 것일까.

도서관장과 분뇨처리장

K시에 사는 조카가 전화를 했다. 남편은 공무원인데, 얼마 전 도서관장에서 분뇨처리장 발령을 받아 속이 상한다는 내용이었다.

전화를 끊고 나서 어쩌면 그럴 수도 있겠다 싶었다. 도서관은 깨끗한 사무실에서 항시 책과 가까이할 수 있으니 정서적으로도 안정된 곳이라 생각했을 것이다. 그런데 분뇨처리장 발령이라니, 당황했던 모양이다.

하수종말처리장이나 분뇨처리장은 도시가 생활환경을 조성하는데 절대적으로 필요한 장소이다. 만일 도시의 그 많은 오폐수를 이들 장소에서 처리하지 않으면 도시는 어떻게 될까. 먹지 않고는 보름도 견딜 수 있지만, 볼일을 보지 않고는 하루도 못 버티는 것이 사람 사는 일이다.

모든 생물은 그 생명을 유지하기 위해 신진대사가 기본이다. 우리 몸은 섭취한 음식물에서 에너지를 태운 뒤 신진대사를 통해 찌꺼기를 배출한다. 이 찌꺼기가 배출되지 않으면 새로운 에너지를 생성할 수 없으니 그다음이야 말해 무엇하리. 그런 의미에서 분뇨처리장은 우리들의 하나밖에 없는 생명을 책임지는 중차대한 기관이라 해도 과언이 아닐 터이다.

이십여 년 전, 금강산을 관광할 적의 일이다. 소변은 마려운데 그 어디에도 화장실이 보이지 않아 발을 동동 굴렀다. 한 발도 떼놓지 못할 지경에 이르러 나는 어머니와 함께 숲 사이로 숨어들었다. 공안요원의 날카로운 두 눈이 무서웠지만 그보다는 배설 못한 고통이 더 컸으니까.

육체의 생명 유지를 위해 분뇨처리장이 반드시 필요한 것처럼, 정신의 생명유지를 위해서도 도서관은 필요하다. 달리 생각하면 도서관은 또 다른 의미에서 정신의 하수종말처리장이 아니겠는가.

문자가 만들어진 이래 인간의 지혜가 담긴 것이 책이고, 그 책을 모아둔 곳이 도서관이다. 역사 · 정치 · 법률 · 예술 등 인간의 모든 문화와 문명의 정신적 신진대사가 도서관에서 이루어지는 것이다.

사람은 생각하는 동물이며 생각은 바로 창조의 신진대사 과정이다. 음식물이 대사과정에서 에너지를 추출하여 육신을 살찌운다면, 생각은 정신을 살찌우는 또 다른 신진대사다. 인간의 문화와 문명은 그 같은 발판 위에 세워졌다. 그런데 언제부턴가 도서관에는 사람들의 발길이 뜸해지고 출판사는 지혜의 보고였던 백과사전출판에서부터 손을 떼고 있다고 한다. 국내 최대 출판사였던 동아출판사의 도산도 백과사전을 제작하면서 받은 어마어마한 손실 때문이라 했다.

얼마 전까지만 해도 집집마다 사전을 비치하고 있었다. 백과사전을 서가에 보유하고 있다면 꽤 지적인 가정이라고 생각하기도 했다. 그러나 이제 사람들은 백과사전을 찾지 않는다. 컴퓨터 검색창에다 정보를 요구하면 순식간에 수십 개가 튀어나오는 세상인데 두꺼운 책장을 침 묻혀 넘길 필요가 무에 있겠는가.

그래서였을까. 내 사는 통영에도 70년 전통을 자랑하던 서점이 지난해 문을 닫았다. 서점이 폐문했다는 소식을 들었을 때 내 자신도 공모자의 한 사람만 같았고, 일거에 자존심이 무너진 것 같은 생각에 한동안 허탈했다.

요즘 도서관은 한산하고 하수종말처리장은 잘 돌아간다. 몸뚱이는 살아 있고 영혼은 죽은 상태라면 지나친 표현일는지. 정신이 죽고 육신만 살아 있다면 좀비에 가깝다. 죄의식 없이 아무 짓이나 저

지르는 존재가 좀비다. 벌써 그런 조짐을 우리는 '묻지 마 살인', 늘어나는 10대들의 범죄, 교육 받았다는 부유층의 '갑질' 등등 여러 면에서 보고 있지 않은가.

우리들의 정신은 하루하루 피폐해져 가고 있다. 정신의 올바른 배설문화가 확립되지 않는다면 언젠가는 도서관의 등불이 꺼질지도 모른다. 배설 통로가 막히면 몸이 병들듯 정신의 배설 통로가 막히면 정신 또한 사망선고를 받을 수밖에 없지 않을까.

영혼에 불이 꺼진 깜깜한 세상은 생각하기도 싫다. 먼저 육신이 살아야 정신도 살찌울 수 있으니, 큰 사명을 가지고 그걸로 위안 삼으라 다독여줘야겠다.

원조 비자금

요즘 신문과 방송에 '비자금'이라는 단어가 자주 등장한다. 오르내리는 액수도 장난 아니다. 오래전 남편이 숨겨둔 비상금을 여기저기를 뒤져 찾아냈던 짜릿한 기억이 지금껏 선명하다. 40여 년 전이었으니까 액수라고 해 봤자 천 원짜리 몇 장에 불과했지만.

반찬값을 아껴서 조성한 내 비상금도 고작해야 만 원짜리 지폐 몇 장이지만 손에 꼬깃거리는 그 감촉이 그리 좋을 수 없었다. 온전히 나만의 비밀스런 공간에서 들여다본 자금이 아닌가.

그런데 이즈음 언론에 등장하는 비자금 몇 백억이라는 액수가 방송뉴스 내내 억억거리면 가늠이 안 가는 액수와 상상이 안 되는 부피에 그저 기가 찬다.

'비자금'이라는 단어가 우리들의 귀에 익숙해진 것은 그리 오래지 않다. 게다가 그게 범죄적 용어로 등장한 것은 더더욱 최근의 일이다. 비자금이 사회문제로 불거지기 시작한 것은 우리 사회가 점점 정화되고 민주화운동 등으로 어느 정도 건강해졌기 때문일 것이다.

사회가 조금 맑아졌다고는 하지만 아직도 비자금은 사회적 문제로 진행 중이다. 요즘도 기업체에 감사나 세무조사가 나오면 곧바로 총수나 대표의 일신상의 검찰수사가 진행되다가 이어서 '비자금' 문제로 어김없이 발전해 간다.

근래 한 대규모 건설회사의 해외 임원들이 수백억 원대의 비자금을 조성하고 이 중 백억 원 가량을 횡령한 것을 자체 감사에서 적발했다고 보도됐다.

우리 귀에 들리는 뉴스는 정작 아무것도 아닐지 모른다. 수천억 원대를 조성했던 전직 대통령들을 비롯해 감옥행을 선택했던 재벌 총수들의 비자금은 그 규모가 천문학적이라 우리 같은 범인凡人들에게는 실감이 안 나 상처 또한 덜했는지도 모르겠다. 나는 상상의 한계를 한참 벗어난 그런 이야기를 접하면 그냥 딴 세상 이야기려니 하고 치부했다.

비자금이 리베이트나 회계 조작으로 조성하여 비밀리에 운용하는 돈이라면, 부부간에도 비밀에 부쳐가며 꼬깃꼬깃 숨겨둔 돈 역시 유사한 형태의 '비자금'(?)은 아닐까.

규모가 형편없이 작았을 뿐, 콩나물이나 생선 같은 반찬값을 깎거나(리베이트) 가계부를 살짝 조작(회계 조작)하여 조성한 돈이니 현대사회의 경제용어상 비자금인 것만은 확실하지 않은가.

비상금 하면 생각나는 일이 하나 있다. 오래전, 지인의 남편이 심한 복통으로 사망 직전에 놓여 있었다. 마지막 숨고르기를 하던 남편이 아내를 불러 유언했다. 어디 어디에 돈 몇 백만 원을 숨겨두었으니 그것을 꺼내 자기 사후에 살림에 보태 쓰라는 것이었다. 그는 급성복막염이었고, 병을 회복한 후에 그가 숨겨둔 비상금을 찾았으나 이미 사라지고 난 후였다.

이런 경우는 극히 드물지만, 주부들의 비자금은 남편들 비자금과는 질적으로 사용처가 달랐다. 남편들이야 비자금으로 친구들과 술로 탕진하는 게 대부분이다. 그러나 대부분의 주부들은 남편에게 긴급하게 돈이 필요할 때 비상금을 건네주고 아이들이 학교에 돈을 가져가야 할 때도 선뜻 내놓아 그 위력을 발휘한다.

그런데 우리의 고위 관료 사회에서의 비자금은 대부분 정치권 로비 등에 쓰인다니 그저 씁쓸할 뿐이다. 비자금을 받은 정치인은 그 돈을 어디에다 쓰는 걸까. 비자금 받은 정치인이 구속됐다는 뉴스는 있어도, 그들이 받은 비자금으로 세상의 어둡고 서러운 민생에 썼다는 말은 들은 적이 없는 것 같다.

콩나물 값을 절약하여 조성한 주부들의 몇 푼 안 되는 비자금은 꼭 필요한 곳에 사용하기 위해 마련한 종도리 같은 의미를 지닌다. 국민의 머슴이 되겠다는 정치인이나 그들에게 비자금 쓰는 기업인들은, 주부들만도 못한 생각으로 살고 있는 것은 아닌지.

어제 봄비가 꽤 많이 내렸다. 봄이 성큼 다가왔다. 하지만 뉴스만 보면 봄이 봄 같지 않다.

몽타주 세상

나는 영화를 즐겨 본다. 극장을 찾기도 하고 인터넷으로 다운받아 보기도 한다. 옛날 영화는 아련한 향수가 있어 좋다.

영화 기법가운데 '몽타주'라는 게 있다. 영화가 연극과 다른 점은 화면을 연출자의 의도대로 얼마든지 편집할 수 있다는 것이다. 때로 그런 점에서 몽타주 기법으로 완성된 영화는, 본래의 의미를 벗어나거나 왜곡되기도 하며 그래서 감독의 의도가 관객에게 은연중 강요되기도 한다.

몽타주 기법이 활성화되지 않았거나 그런 기법을 싫어했던 감독들이 만든 1960~80년대 영화는, 화면에 우리들 삶의 이야기가 실제대로 이어지는 것 같은 느낌을 받는다. 자극은 없지만 폭넓은 공감이 형성되고 속도감은 떨어지지만 휴먼과 감동이 뭉클하다.

요즘은 몽타주 기법으로 편집된 영화가 대부분이다. 평범한 사실도 편집 방향에 따라 각색되면서 감독의 신념이나 욕구에 따라 보여주고 싶은 것만 강렬하게 강조하는 것이다.

그런데 이 '강렬함'이라는 것도 생각해 볼 문제다. 감독의 의도를 전하려면 관객이 다른 생각 못 하도록 화면은 강렬해야 하는데 그리되면 관객은 영화에 대한 비판의식을 가질 겨를이 없다. 상업영화의 경우이긴 하지만 몽타주 기법이 많이 사용될수록 영화는 그만큼 스피디하고 자극적이다.

요즘은 영화뿐만 아니라 모든 정보가 '몽타주'되어 돌아다닌다. 내가 살고 있는 세상이 현실의 세상이 아닌, 누군가가 편집한 화면 속의 세상 같다는 느낌이 들 때가 종종 있다. 그 화면 속 세상 같은 곳에서 나는, 바라보는 관객이 아니고 배역을 맡은 배우 같다는 생각이 드는 것을 어쩌랴.

인터넷으로, 스마트폰으로, 카톡이나 페이스북 같은 다양한 SNS를 통해 악의적으로 편집된 정보들이 강렬한 자극성을 띠고 빠르게 전파된다. 하나의 정보가 사실인지 채 파악하기도 전에 다른 정보가 이전의 정보를 덮어버리니 나처럼 더딘 사람들은 따라잡기도 힘들다.

그로 인해 판단이 흐려지고 잘못된 선택을 할 수도 있다. 몇 년 전 소고기 파동 때 SNS를 통해 "수입 소 대신 차라리 청산가리를 먹겠다." 했던 여배우는 시간이 흐르면서 잘못된 정보에 휘둘린 자신을 깨닫고 급기야 이름까지 바꾸고 말았다 한다.

이제 SNS의 파급력을 실감한 눈치 빠른 사람들은 그것을 적극적으로 이용한다. 그러다 보니 정치나 사회적으로 민감한 모든 정보가 편집되는 지경에 이르렀다. 국민 모두가 가슴을 쳤던 세월호 참사 때도 엉터리 정보로 유족들을 두 번, 세 번 울린 사건을 보면서 나는 솔직히 이런 영화 같은 세상의 화면에서 사라지고 싶다는 생각이 들었다.

누군가 필요에 의해 악의적으로 정보를 흘리고, 정치인이 부풀려 리트윗한다. 기성 매체가 실제 뉴스처럼 그것들을 퍼 나르면 우리 같은 서민들은 순식간에 그들의 꼭두각시가 되고 만다. 영화에서 일어나던 '몽타주'가 현실에서 실제처럼 일어나고 있는 것이다. 이제는 공신력 있는 매체들이 전해주는 정보조차 그대로 받아들이는 게 불안해졌다.

우리를 편집된 거짓의 영화 속으로 밀어넣는 감독은 누구일까. 네티즌도 언론매체도, 포털을 비롯한 SNS도 그저 그들 주변을 맴도는 도구일 뿐이다. 그것을 적극적으로 활용하는 정치인들이 자신들

입맛에 맞게 편집한 영화를 우리들에게 보여주면서 얼마나 흡족해 할까.

가끔, 내가 살고 있는 세상이 어느 누군가에 의해 편집된 세상이라는 느낌이 들면 화면 밖으로 튀어나가고 싶다.

방귀세 이야기

얼마 전 서울시가 '빗물세'에 관해 논의했다는 기사를 보았다. 빗물은 공기나 구름이나 햇빛처럼 자연 현상의 하나인데 여기에다 세금을 매기겠다니 사람들은 의아할 수밖에.

국가의 경제성장과 사회보장, 복지를 위해서는 세금이 필요하다. 하나 우리 같은 서민들은 늘 세금의 공포 속에 산다고 해도 과언이 아니다.

그럴 리야 없겠지만, 자칫 설득력 없는 세금 명목으로 저항을 불러일으키지나 않을는지 염려스럽다.

중국 하남성의 지방장관인 '조재례'는 세금을 걷는 일에 아주 가

혹한 사람으로 악명 높았다고 한다. 그가 타지방으로 전근 발령을 받자 백성들은 이제야 눈 속에 박혔던 못이 뽑힌 것처럼 시원하다며 좋아했다. 그런데 '조재례'는 유임되었고, 백성들이 좋아했다는 소문을 듣자 1인당 1천 전의 '못뽑이세'를 징수했다는 것이다.

여강의 지방장관 '장숭'도 자신을 쌍놈이라고 불렀다는 사실에 분개하여 '쌍놈세' 라는 세금을 징수하였고, 수염을 쓰다듬으면서 기뻐하였다 하여 '수염 쓰다듬세'를 추가 징수했다고 한다.

동서고금을 통해 코믹한 세금 이야기는 많다. 1세기경 로마베스파시아누스 황제는 '오줌세'를 신설했는데, 오줌을 수거해서 양털의 기름을 빼는 데 사용하는 섬유업자에게 부과했다.

멜 깁슨이 주연한 영화 〈브레이브 하트〉를 보면 유럽 봉건시대 때 영주는 자신의 영지에 속한 처녀가 결혼하게 되면 먼저 하룻밤을 잘 수 있는 '초야권'이 있었다. 처녀가 그것을 거절하면 엄청난 금액의 '초야세'를 물어야 했다.

이런 이야기들은 현대에도 별반 다르지 않다. 요즘 세계 각국에서는 자국의 경제나 문화 사회적 상황에 따라 희한한 조세 명목이 속속 나온다.

미국은 비만과의 전쟁을 위해 주州마다 도입하고 있는 '탄산음료세'가 있다. 콜라나 사이다 같은 탄산음료가 비만을 초래하여 사회

문제가 되므로 이를 해결하기 위한 재원으로 삼겠다는 취지다. 우리나라가 최근 담배와 술에 붙는 세금을 올리자는 것과 비슷한 일종의 '건강세'이다.

네덜란드는 차를 많이 탈수록 세금을 더 내는 '자동차 주행부과세'를 시행 중이고, 싱가포르는 과도하게 밀려드는 외국인 근로자를 제재하기 위해 '외국인 근로자 고용세'를 부과한다고 한다. 한국에서도 '외국인력 고용부담금'을 단계적으로 도입한다는 소식이다.

더 재미있는 명목도 있다. 축산업으로 유명한 뉴질랜드에서는 매탄가스가 기후 변화에 미치는 영향을 연구하기 위한 명목으로 소·양과 같은 가축에게 방귀세를 부과하려 했지만 거센 반발에 부딪쳐 시행하지 못했다. 그러나 에스토니아가 몇 년 전부터 소를 키우는 농가에 방귀세를 부과하기 시작했고, 덴마크에서도 방귀세를 물리는 방안을 협의 중이라고 한다.

필요한 세금은 걷어야 한다. 그러나 그에 앞서, 재원이 필요하면 일단 불요불급한 재정 지출을 줄여서 효율적으로 사용하는 법을 강구하는 게 맞을 것이다. 필요하면 일단 걷겠다는 '징세만능주의'는 국민의 부담을 생각할 때 경계해야 한다. 꼭 필요한 조세라 하더라도 두 번 세 번 심사숙고하고, 공청회 등을 거쳐 당위성을 확보한 뒤 시도해야 하지 않을까.

수백, 수천억을 들여 지은 청사, 전시용 건축물들이 예산 잡아먹는 하마처럼 도시 곳곳에 어슬렁거리는 것을 시민 모두가 기막혀 보고 있는 판에 갑자기 '빗물세'라니!

하긴 이러다간 웃기도 겁나는 시대가 올지도 모르겠다. 어느 날 날아온 고지서에 '웃지마세'가 찍혀 나올지 누가 알겠는가.

박상길이와 SNS

박상길이라는 나이 지긋한 백정이 장터에서 푸줏간을 하고 있었다. 때는 조선 말기, 백정은 하층민 중에서도 천민에 해당했다. 인근에 사는 젊은 양반 두 사람이 고기를 사러 왔다. 그중 한 사람이 대뜸 말했다.

"이놈, 상길아. 쇠고기 한 근 다오."

"예, 나리."

박상길은 공손하게 대답하고 고기를 한 근 베어 주었다. 함께 온 다른 양반은 좀 달랐다. 상대가 백정이긴 하지만 나이가 아버지뻘이라 함부로 말하기가 거북했던지 점잖게 주문했다.

"박 서방, 나도 쇠고기 한 근 주시게."

"예, 나리."

이번에도 공손하게 대답하고 고기 한 근을 잘랐다. 먼저 산 양반이 보니 같은 한 근인데 뒤의 고기가 갑절은 커 보이는 게 아닌가. 화가 난 양반이 소리쳤다.

"이놈아, 똑같이 한 근씩 샀는데 어째서 이 사람 것은 내 것보다 많으냐?"

"그건 자른 사람이 달라서입니다."

"이놈 봐라? 방금 네 손으로 둘 다 자르는 것을 봤는데 다른 사람이라고!"

"손님 고기는 상길이놈이 자른 것이고, 이 나리 고기는 박 서방이 자른 것입니다."

조선 시대를 배경으로 하고 있지만 ≪채근담≫에 이야기의 원형이 있다고 전해지는 처세술에 관한 이야기다.

예전에는 상대의 행색에 따라 말의 경중이 달라지곤 했다. 삼십 년 전 우리는 픽업을 타고 다녔다. 결혼식이 있어 B시에 있는 한 호텔에 갔던 적이 있다. 우리 앞에 대형 세단이 대기하고 있었는데 주차 안내원이 오더니 정중하게 경례를 붙이고 주차할 곳까지 안내를 해주었다. 나도 내심 기대하고 있는데 생각과는 달리 어찌 왔냐며 삐딱한 자세로 용건부터 물었다. 결혼식에 왔다고 했더니 퉁명한 어투로 저 안에 세우라고 말하곤 가 버렸다. 민망하기도 하고 불쾌했던 그날의 기억이 아직도 남아 있다.

언젠가 들었던 이야기다. 중소 사업체를 운영하는 사람인데 그 대표는 늘 작업복을 입고 다녔다. 어차피 사무실에 있는 시간보다 공장에 있는 시간이 많기도 하지만 워낙 검소해서 승용차도 고물 소형차였다. 어느 날 아침에 출근하다가 중형차를 탄 젊은 사람과 접촉사고로 언쟁이 있었다 한다. 가장 압권은 젊은 사람의 마지막 말.

"영감탱이가 똥차 가지고 아침부터 사람 열 받게 하네!"

젊은 사람의 반말 투와 거친 행동에 기가 막혔지만 나이 먹은 사람이 길에서 다툴 수도 없어 그냥 회사로 왔다고 한다. 그리고 두 시간쯤 후에 새로 채용하기로 한 엔지니어 면접을 보는데, 문을 열고 들어온 사람은 바로 그 젊은이였다. 그는 언행 부주의로 귀한 일자리를 날려버린 것이다.

요즘은 정보화 시대로 사람들이 SNS 같은 정보전달시스템으로 대화하면서 말이 점점 거칠어져 가는 것 같다. 예전에는 상대의 행색이나 경제적, 지적 수준을 보아가면서 말을 했지만 이제는 익명 뒤에 숨어 제 기분이 언짢으면 거친 말을 사정없이 쏟아낸다. 언어의 한계를 넘어 폭력 수준이다. 심지어 SNS상의 언어폭력은 사람을 죽음으로 몰아가기도 한다.

옛 어른들은 몸가짐을 중하게 여겼다. 앉을 때 바로 앉고 서서는 허리를 꼿꼿이 하도록 교육시켰다. 자세가 바를 때 생각도 바르게 되고 말도 정중하게 할 수 있다고 믿었기 때문이다. 지금은 면대면 대화가 사라지고 스마트폰의 작은 창을 통해 알지도 못하는 사람과 익명으로 대화가 가능한 시대다. 그럴수록 상대를 존중하거나 최소한 배려하는 언어문화를 정착시켜야 한다. 그것이 남을 존중하면서 자신이 존중받는 길이 아니겠는가.

바른 언어문화 정착은 우리 모두 '나리'로 대접받게 하겠지만, 지금처럼 대책 없이 난무하는 언어폭력 상태를 방치한다면 '나리'는커녕 '박 서방'도 못 되고 '상길이놈'으로 전락하고 말 것이다. 심히 염려스럽다.

위트 있는 정치를 그리며

나이 탓인지 세태 탓인지 유머 있는 사람이 좋다. 정치인들도 마찬가지다.

링컨 대통령은 평소 원숭이를 닮은 듯한 외모 때문에 못생겼다는 말을 자주 들었다 한다. 일리노이 주 의원 시절 유세에서 상대 후보로부터 인신공격을 받았다.

"당신은 두 얼굴을 가진 이중인격자요."

그 말을 들은 링컨은 대수롭지 않다는 듯이 말했다.

"그래요? 내가 정말 두 얼굴을 갖고 있다면 왜 하필 이렇게 못생긴 얼굴을 달고 왔겠소?"

사람들은 박수를 치며 웃었다. 재치 넘치는 이 유머 한마디로 링컨은 그곳에 모인 관중들을 자기 쪽 사람으로 만들 수 있었다 한다.

또 한 번은 라이벌 후보가 링컨이 신앙심이 없는 사람이라고 비난하고 나섰다. 그리고 청중을 향해 소리쳤다.

"여러분 중에 천당에 가고 싶은 사람은 손을 들어 보세요?"

청중들 모두 손을 들었는데 링컨만 손을 들지 않았다.

그러자 그는 링컨을 향해 말했다.

"링컨, 당신은 지옥으로 가고 싶다는 말이오?"

링컨이 웃으며 "천만의 말씀입니다. 나는 지금 천당도 지옥도 가고 싶지 않소. 국회의사당으로 가고 싶소."

군중은 링컨에게 박수를 보냈고 유머로 상황을 반전시켰다 한다.

정치는 말로 하는 것이다. 국가 발전에 대한 정치인 개인의 확고한 신념이 있어야 하고 그에 따른 정책과 추진 방향을 가지고 있어야 한다. 그러나 혼자 하는 게 아닌 것인 만큼 정책을 추진하기 위해서는 반대론자들을 설득시켜야 하고 동조자들의 지지를 이끌어내야 할 것이다. 그것을 가능케 하는 것이 말이다. 그래서 대중과 의원을 상대로 연설할 때 원고를 쓰고 다듬는 일에 심혈을 기울인다고 한다. 동료 정치인을 설득하고 국민을 설득하여 내 편으로 만들 수 있는 절호의 기회이기 때문이다.

그럼에도 불구하고 때로 거친 말이 오가고 험악한 분위기가 조성되기도 한다. 그런 상황을 현명하게 넘기는 데 필요한 것이 유머란 생각이 든다. 정치와 유머라면 어울리지 않는 것 같지만 선진국 정치인들의 훈련된 유머 감각은 탁월한 것 같다.

재선에 나선 레이건 전 대통령이 민주당의 젊은 후보 먼데일에게 나이가 많은 것에 대해 공격을 받았다. 이때 레이건의 나이는 74세로 측근들조차 그 점을 염려하던 터였다. 먼데일 후보가 이 약점을 파고들었다.

"레이건, 본인의 나이에 관해 어떻게 생각합니까?"

측근들이 마침내 올 것이 왔다고 생각하는 순간 레이건이 말했다.

"나는 이번 선거에서 나이를 문제 삼지 않기로 했습니다."

"그게 무슨 말이오?"

"먼데일, 당신이 젊고 경험이 부족하다는 사실을 정치적 목적으로 이용하지 않겠다는 뜻입니다."

유권자들은 이 위트 한마디에 레이건의 나이를 문제 삼지 않게 되었다고 한다. 우리나라 같으면 장유유서를 들먹이고 '새파란 놈이' 어쩌고 하면서 험악한 분위기가 연출될 수도 있었을 것이다. 그런 식으로 살기등등한 모습을 정치인들에게서 많이 보지 않았는가.

이른바 '국회선진화법'이라는 게 있다. 국회에서 폭력을 배제하고 여야 합의하에 법안을 처리하자는 국회법이다. 이게 국민들의 지대한 관심 속에 발의되고 통과된 데에는 국회의 얼룩진 폭력 때문이다. 욕설에 주먹다짐도 모자라서 집기가 날아다니고 치열한 몸싸움까지 한다. 오죽하면 목청 크고 힘세고 싸움 잘하는 사람을 국회로 보내자는 말까지 생겼을까.

정치는 타협의 산물이다. 타협은 말로 한다. 말에 폭력이 실리면 행동에도 폭력이 실리고 난장판이 되기 십상이다.

영국 의회에서 있었던 일이다. 수상 처칠과 노동당 당수가 서로를 공격하고 있었다. 분위기는 자못 살기등등했다. 잠시 휴회 시간에 화장실에 간 처칠이 먼저 와 있던 노동당 당수를 보고는 멀찍이 떨어져서 볼일을 보았다. 그게 못마땅했던 노동당 당수가, "총리, 왜 날 피하시오?" 하고 묻자, 처칠이 말했다.

"당신네들은 큰 것만 보면 무조건 국유화해야 한다고 하잖소?"

당수는 웃고 말았다. 삭막했던 분위기가 위트 한마디로 풀린 것이다.

이처럼 유머 화법은 정곡을 찌르면서 웃음을 유도하고 긴장된 상황을 반전시키는 힘이 있는 것이다.

우리도 정치인들에게서 그런 산뜻한 유머 감각을 볼 수 있었으면 좋겠다. 정치에 웃음과 여유가 생긴다면 사람살이에도 그 웃음과 여유가 자연스레 전파되지 않겠는가. 우리 정치인들에게 그것을 기대하는 것은 정말 어려운 것일까.

크림빵과 스토리텔링

얼마 전 뺑소니 사건이 뉴스와 인터넷을 뜨겁게 달구었다. 사망한 20대 젊은 가장의 이야기가 알려지면서 사람들의 가슴에 깊은 울림을 주었기 때문이다.

일명 '크림빵 아빠' 사건으로 불리는 이 이야기는, 임신한 아내를 위해 크림빵을 사들고 가다가 뺑소니차에 사고를 당한 가슴 아픈 스토리다. 부부가 함께 교원 임용고시를 준비하다가, 남편은 생계를 위해 트럭 운전을 시작했다. 아내의 몸속에는 7개월 된 새 생명이 자라고 있었다.

그날도 평소처럼 늦은 저녁을 크림빵으로 때우다가 케이크가 먹고 싶다는 아내가 떠오르자, 비싼 케이크 대신 크림빵을 사 들고 가다가 참변을 당한 것이다.

이 이야기가 공개되자 네티즌들이 들고 일어났다. '네티즌 수사대'가 만들어지고, 경찰청은 국민들의 공분을 감안하여 유례없는 뺑소니차량 검거를 위한 특별수사본부까지 설치했다. 그래서 네티즌 수사대와 경찰 특별수사본부가 수사 공조를 하는 진풍경까지 연출됐다. 결국 네티즌의 결정적 제보가 범인의 자수를 불러오고 사건이 해결되기에 이르렀다.

나는 이 사건의 진행 과정을 보면서 스토리텔링의 사회적 역할을 생각해 보았다. 그동안 뺑소니 사건은 셀 수 없이 많았다. 뺑소니 사건으로 가장을 잃은 가족이 짊어져야 하는 고통은 이루 말할 수 없을 것이다.

그러나 우리 사회는 빈번하게 일어나는 뺑소니 사고에 그동안 무관심했거나 속수무책이었다. 만약 이번 '크림빵 아빠' 사건도 크림빵에 얽힌 애절한 스토리텔링이 없었다면 이 또한 일과성 사건으로 끝났으리라.

최근 들어 차량에 장착한 블랙박스 등장으로 뺑소니 사고가 줄어들었다지만 그래도 아직은 미미한 단계이다.

뺑소니로 빚어진 가장 안타까운 일은 현장에서 재빨리 조치하면 살 수 있었을 사람도 때를 놓쳐서 사망한다는 것이다. 또한 하루아침에 가장이나 가족을 잃은 슬픔에다, 생계까지 막막한 암담한 나락으로 떨어지고 만다는 사실이다.

더군다나 '크림빵 아빠'처럼 스토리텔링을 만들어보지도 못한 채 외면당하는 슬픈 이웃은 또 얼마나 많은가. 뺑소니 사건만이 아닐 것이다. 소외된 곳에서 도움의 손길은커녕 동정의 눈길조차 받지 못한 채 처절한 사투를 벌이다가 잊힌 사람들은 또한 어떻고.

만약 그런 사람들의 이야기를 하나하나 찾아내고 취재해서 세상 사람들의 관심을 받을 수 있는 계기를 만든다면 여북 좋을까. '크림빵 아빠' 사건처럼 인터넷과 언론이 합심하여 국민들의 연민과 관심을 불러일으킬 수 있는 시스템을 만들 수만 있다면 힘 있는 사람들의 이목을 모으는 데도 일조할 것이다.

국가가 국민을 위해 돈을 반드시 써야 하는 곳은 바로 그런데 있다 할 것이다. 그러나 돈줄을 쥐고 있는 정치인들은 돈을 옳게 쓸 곳을 찾기보다는 표가 될 만한 곳에만 투자를 하는 것 같다.

뺑소니로 가족이 붕괴되는 상황에서 소년소녀 가장이나 소외된 독거 노인. 그리고 하루아침에 길거리에 나앉은 노숙자…. 이들의 이야기는 하나하나가 파란만장한 드라마를 만들 수 있을 만큼 그 파장과 폭이 크다. 보통 사람들도 펼쳐놓기만 하면 소설 몇 권 분량의 이야기는 안고 살아간다지 않던가.

'우리 이웃 이야기' 같은 코너를 인터넷이나 기존 언론에서 취재하고 알리는 작업을 하면 어떨까. 그 일을 꾸준히 하다 보면 국가 복지정책의 초점을 어디에다 맞출 것인지가 보다 분명해지고 국민들 여론 수렴을 위한 훌륭한 장이 되지 않을까 생각해 본다.

인생은 신념이다

의학 잡지에 실렸던 이야기다.

세 살짜리 아이가 엄마의 손에 이끌려 용하다는 점쟁이에게 갔다. 꼬마를 유심히 보던 점쟁이는 크게 성공할 아이라고 말했다. 그 엄마의 기쁨은 잠시, 아이가 43세에 죽는다는 점쟁이의 불길한 말을 듣게 된다.

청년이 된 아이는 세계적으로 명성을 떨쳤지만, 얼마 지나지 않아 팬들과 영원한 이별을 해야만 했다. 43세 생일을 맞은 지 일주일 후에 세상을 떠났으니, 그가 바로 로큰롤의 황제 엘비스 프레슬리다.

엘비스는 가수로서 부와 명성을 얻었다. 하나 '마흔세 살에 죽을 것이다.'는 말이 항상 가슴을 짓누르고 있었던 것일까. 점쟁이가 예언했던 나이가 가까워지자 죽음에 대한 공포와 두려움을 잊으려고 술과 마약의 늪에 빠지게 된 것은 아닐까.

엘비스의 공식적인 사인은 심장마비였지만, 심장마비의 근인近因은 마약이었을 것으로 추정하고 있다. 공교롭게도 그의 어머니 또한 마약중독으로 43세에 생을 마감했다고 한다. 점쟁이의 예언이 그들 모자에게 주술적 신념이 되었는지도 모른다.

인간에게 신념이란 무엇일까? 세계를 둘러보면 긍정적 신념을 가지고 자신이 가고자 했던 길을 간 많은 사람들을 볼 수 있다. 그들은 각 분야에서 두각을 나타냈고 인류를 리드했으며 사회를 변화시켰다. 핵물리학자 마리 퀴리, 라디오와 전화를 발명하여 인류에게 획기적인 미디어 문화의 기틀을 마련한 에디슨, 증기기관차를 발명하여 산업사회를 열었던 스티븐슨 등 모험을 두려워하지 않았던 과학자들.

그 외에도 인간의 존엄을 최고의 가치로 만들기 위해 노력했던 수많은 정치가들과 인문학자들도 있었다. 그들은 하나같이 스스로의 신념으로 삶의 질을 발전시키지 않았던가. 만약 그들이 없었다면 지금의 문명사회는 꿈도 꾸지 못할 것이다.

반대로 잘못된 신념이 가져다 주는 폐해弊害도 있다. 잘못된 종교 이념이나 민족주의 사상으로 백성을 기아와 전쟁의 회오리 속으로 몰아넣는 지도자들이 있는가 하면, 정보화 시대에 바이러스를 만들어 혼란을 조장하는 그릇된 신념의 소유자도 있다. 어디 그뿐이랴. 범죄자들 역시 잘못된 신념을 가진 사람임에 분명하다. 혼란을 일으켜 놓고 그것을 지켜보며 음지에서 즐거워하고 있을 그들의 심리 작용 또한 결국은 또 다른 신념의 하나일 테니 말이다.

반면에 아예 신념이 없는 사람들도 있다. 삶의 목표도 없고, 노력도 하지 않으면서 희망조차 포기한 사람들이다.

개인의 작은 힘으로 국가나 거대 단체의 폭력에 대응하기는 어려울 것이다. 하지만 우리 주변의 작은 변화는 우리 힘으로 시도해 볼 수 있지 않을까.

잘못된 신념으로 살아가는 사람들을 계몽할 수만 있다면 사회는 한층 밝아질 것이다. 최근에 인문학이나 예술을 통해 사람들에게 희망을 주며 신념을 심어주려는 작은 활동들이 간헐적으로 일어나고 있다. 아직은 미미하지만 정치인들과 인문예술인들이 힘을 합하여 재능 기부 형식으로 좀 더 구체화시킨다면 바람직한 결과를 얻을 수 있지 않겠는가.

문제는 '그게 될까?' 라는 의문이 있을 수 있는데, 꼭 해낼 수 있다는 신념만 가진다면 가능하리라 본다.

"뭘 할 수 있다고 믿거나 뭘 할 수 없다고 믿는다면 그 신념대로 될 것이다."

미국에서 농부의 아들로 태어나 일개 기술자로 출발하여 지금의 포드 자동차 회사를 창설해낸 헨리포드의 말이다. 점쟁이의 근거 없는 말 때문에 일생을 두려움 속에 살다가 불행한 최후를 맞게 되었던 엘비스 프레슬리와는 너무나 대조적이란 생각이 든다.

사회가 발전할수록 낙오되는 사람도 늘어갈 수밖에 없다. 그들을 방치하면 사회적 부채가 되고 그것으로 인한 피해는 우리와 후손들이 보게 된다. 그들에게 긍정적 신념을 줄 수 있는 세상, 그런 희망찬 세상에서 살고 싶다. 그들에게 뚜렷한 목적의식과 희망, 그리고 신실한 신념을 주기 위해 과연 난 어떻게 해야 할까?

나무꾼과 쇠도끼

산속에 위치한 토속 음식점을 찾았다. 육칠십 년은 족히 되었음 직한 황토 바른 벽에는 시꺼멓게 빛바랜 신문지가 도배되어 있고, 지금도 군불 지핀 흔적이 남아 있는 그런 집이다.

마당에 들어서니 눈에 들어오는 물건이 있었다. 장작과 도끼였다. 남편은 옛날 생각이 났던지 나무를 패기 시작했다. 소매를 걷어 올리고 패는 모습이 영락없는 나무꾼이다. 그 모습을 한참 보고 있노라니 손녀에게 읽어주었던 '나무꾼' 이야기가 생각났다.

연못에 도끼를 빠뜨린 나무꾼 앞에 산신령이 금도끼를 들고 나타나 "이게 네 도끼냐?"며 묻는 이 우화는, 우리나라뿐 아니라 세계 도처에 퍼져 있다. 본래는 그리스의 이솝우화 〈헤르메스와 나무꾼〉에서 연유된 것으로 전해진다. 세계에 퍼져 있다는 것은 어느 나라를 막론하고 인간의 잘못된 욕망은 파멸을 초래한다는 교훈을 가르치는 게 아니겠는가.

나는 이 이야기에서 욕심 없는 나무꾼과 욕심 많은 나무꾼 두 가지 유형의 인간을 만난다.

욕심 없는 나무꾼은 어떤 사람인가. 첫째는 내 것이 아닌 것은 탐하지 않는다. 두 번째는 욕심이 없기에 자신에게 주어진 일만 성실하게 하는 사람이다. 그는 순간, 이런 생각을 했을 수도 있겠다.

'금도끼나 은도끼는 쇠도끼처럼 나무를 찍어 넘어뜨리기 적당치 않아. 나무를 제대로 할 수 없어.'

나무를 하며 가족을 부양해 온 나무꾼에게, 나무를 할 수 없다는 것은 평생직장을 잃는 것이나 진배없다. 가족 부양의 의무를 다하는 것이야말로 가장인 나무꾼에게는 최고의 미덕인 것이다. 정직한 나무꾼은 탐욕이 없었기에 산신령으로부터 이 같은 복을 받을 수 있었다.

얼마 전 TV에서 폐지를 주워서 생계를 이어가는 할머니가 얼마 안 되는 돈이지만 자신보다 어려운 이웃에게 희사하는 것을 보았다. 또 경남 함양의 '염소 할머니'는 팔십 평생 모은 돈 1억 원을 한 고등학교에 장학금으로 기탁했다. 기부하는 사람이 제일 부러웠다는 할머니는 앞으로도 돈이 더 모이면 기부하겠다고 했다. 이들이야말로 진정 욕심 없는 나무꾼이 아니겠는가.

반면 욕심 많은 나무꾼도 도처에 있다. 산신령의 도끼뿐 아니라 세상의 도끼를 모두 가지고 싶어 오늘도 남의 연못에 도끼를 던져 넣고 그것도 모자라 남의 집 기둥까지 제 것으로 찍어 넘기려 한다.

세상은 여전히 두 부류의 나무꾼으로 나뉜다. 그런 의미에서 '산신령과 나무꾼' 이야기는 쓰인 지 2천 년이 지난 21세기에도 유효하다.

두 나무꾼을 두고 누군가는 가치관 차이일 뿐이라고 말할지도 모른다. 그러나 이것은 가치관 차이가 아니라 욕망을 제어할 수 있느냐 없느냐 하는 본질적인 인간의 문제인 것이다.

'욕망'이 인간의 문명을 발전시켜 온 것도 부인할 수 없는 사실이다. 그러나 한편으로 '욕망'은 그것을 아는 것만큼 인간을 교활하게 만든다. 욕망의 도끼를 많이 가지면 가질수록 더 가지고 싶어지고, 또 다른 거대한 욕망과 만나 뺏고 빼앗기를 반복한다. 출세와 감옥가기를 쳇바퀴 돌 듯 하는 일부 정치인들처럼 욕망과 교활함은 스스로를 나락으로 밀어넣는 거대한 심연이다. 욕심 많은 나무꾼이 그것을 깨달았을 때는 이미 어두운 나락으로 떨어진 후다.

그러나 정직한 나무꾼처럼 욕망이 제어되는 사람이라면 그럴 일은 없다. 정직한 나무꾼은 가족들과 단란하게 사는 게 그의 소박한 꿈이다. 이런 사람은 스스로는 물론 주변 사람 누구에게도 해를 입히는 일이 없을 터.

우리 사는 세상에는 정직한 나무꾼보다는 탐욕이 넘치는 나무꾼이 득실거리는 것 같다. 정직한 나무꾼이 많아야 나도 행복하고 세상 또한 훨씬 아름답지 않을까.

쇠도끼로 장작을 패는 남편의 이마에 어느덧 구슬땀이 송골송골 맺혔다.

인생은 신념이다 2

친척 중에 어렵게 자식을 본 여인이 있다. 40대 초반인 그는 초산으로, 임신 초기부터 임신 중독증으로 고생했다. 혈압이 200을 넘어 220까지 올라갈 때는 태아를 포기하라는 권유를 받았다. 남편은 물론 가족과 친지들도 산모의 목숨이 더 소중하다는 결론에 도달했다.

그러나 그 여인은 아이의 목숨을 포기할 수는 없다는 신념으로, 조산이지만 아이를 낳았다. 인큐베이터에서 두 달을 보낸 아기는 가족의 극진한 사랑을 받으며 이후 탈 없이 잘 자랐다. 그 아이는 지금 초등학교에서 아이들을 가르치며 부모에게 효도하는 멋진 여교사가 되어 있다. 가끔 만나면 그때의 결정이 인생에서 가장 잘한 결정이었다며 얼굴에 홍조를 띤다.

이와 비슷한 일화가 있다.

남편은 알콜 중독자였고, 부인은 폐결핵 말기 환자였다. 그 부부에게 자식이 둘인가 셋인가 있었는데 모두 병을 앓고 있었다. 그런데 부인은 또 임신 중이었다.

이웃들은 부인에게 이 상황에서 아이를 낳는다는 것은 부모나 아이에게도 불행이라며 낙태를 종용했다. 그러나 부인은 "내 몸속의 생명을 내 손으로 없앨 수 없다."며 기어코 아이를 출산했다.

그렇게 태어난 아이가 바로 악성樂聖 베토벤이다. 만약 그 부인이 주변의 권유를 받아들여 낙태를 했더라면 우리는 베토벤의 유명한 음악을 감상할 수 있는 특권을 누리지 못했을 것이다.

베토벤의 할아버지는 궁정 악사였고, 아버지 역시 궁정의 테너 가수였다. 당시는 모차르트를 비롯한 음악 천재들의 전성시대였다. 베토벤의 소질을 일찍 알아본 아버지는 그에게 어릴 때부터 혹독한 음악 교육을 시켰다.

악기가 있는 방에 가두고 연습을 시켰고, 연습량이 부족하다 싶으면 가차 없이 매를 휘둘렀다. 혹독한 매질을 못 이겨 집을 뛰쳐나온 적도 있었다고 한다. 그러나 베토벤은 음악인으로 성공했고 부모와 두 동생을 돌보며 가장의 역할을 충실하게 해냈다.

사랑했던 어머니를 잃은 것이 가장 큰 충격이었다는 베토벤에게 더 큰 충격적인 일이 있었으니 그가 청각을 상실했다는 것이다. 음악인으로서 청각을 상실했다는 것은 모든 것을 잃은 것이나 다름없었기에 베토벤은 자살을 결심하기에 이른다. 요양 차 가 있던 '하일리겐슈타트'에서 유서를 작성한다. 그러나 그는 자살하지 않았다. 유서를 쓰는 동안 마음을 바꿔 다시 한 번 운명에 도전하기로 신념을 굳힌 것이다.

사람들은 베토벤의 성격이 괴팍하다고 했다. 그러나 그럴 수밖에 없는 게 청각 때문인 것이다. 친구였던 의사 베겔러에게 보낸 편지에서 "나는 2년째 사교를 피하고 있네. 사람들과 이야기할 수 없기 때문이네. 나는 귀머거리일세. 나의 직업으로는 끔찍한 일이 아닐 수 없네. 난 얼마나 나의 존재를 저주하였는지 모르네. 하지만 나는 운명과 싸워보고 싶네."

자신이 요양 차 머무른 곳에서 죽음의 유혹을 극복하며 쓴 곡이 그 유명한 〈전원 교향곡〉이다. 베토벤의 음악에 대한 그리고 음악인으로서의 단호한 신념이 없었다면 우리는 이 곡을 만날 수 없었을 것이다.

가족이 붕괴되는 현장을 뉴스로 실시간 보는 시대다. 자식이 부모를, 부모가 자식과 함께 붕괴되는 무서운 뉴스의 현장 속에 우리는 살고 있다. 그들에게 없는 것은 자신에 대한 긍지와 인생에 대한 신념이다.

요즘 복지가 대세라고 한다. 복지도 좋지만 더 중요한 것은 사람들에게 자긍심과 신념을 줄 수 있는 사회적 환경을 먼저 만들어야 하지 않을까. 인생에게 필요한 것은 물질에 앞서 신념이라는 생각이 든다.

700통의 연서

나이 들면 보이는 것들

내가 꿈꾸는 세상

기다림은 불꽃이어라

살아 있음은 축복이다

통영 문화마당을 거닐며

찬란한 슬픔, 김기덕

수려한 예향 통영에 살면서

4부

나이 들면 보이는 것

악기도 빈 속이 필요하고 그릇도 속이 비어 있어야 무언가를 담는다. 꽉 차 있으면 자기 자신밖에 볼 수 없고 다른 진실을 담을 수도 없다. 하나씩 덜어내고 비워내면 보이지 않던 것들이 그 빈 곳을 메우고 들어오지 않던가. 평생을 통영에서 나고 자라 나이 들어가면서 동피랑을 아름답다고 느낀 것은 오늘이 처음이다. 그리고 늦은 개안開眼이지만 그런 나 자신이 다행스럽다.

700통의 연서

해외 토픽에 실린 '700통의 연서'라는 기사에 눈이 머물렀다.

대만의 청년 '밍후'는 첫눈에 처녀 '리'에게 반하고 말았다. 그는 자신의 절절한 마음을 담아 그녀에게 편지를 써서 보냈는데, 2년 동안 보낸 편지는 무려 700여 통.

경우에 따라서는 소설보다 서투른 수기가 감동적일 수 있다. 화려한 수필보다 진솔한 마음을 담은 편지가 더 큰 설득력을 갖는 것은 글이 지닌 진정성 때문이리라.

이순을 넘긴 나이임에도 그들의 사연이 무척 부러웠다. 생각해보니 나는 누군가에게 연서를 써본 적이 없었다. 친구들은 학창 시절에 펜팔을 했거나 연애편지를 썼던 일을 자랑삼아 이야기하곤 했다. 그런데 나는 그럴 처지가 못 되었다. 동생 다섯을 돌보다 보니 여유 없이 학창 시절을 보낸 게 가장 큰 이유였다. 그 때문에 나에게는 처녀 시절이 없었고 연애 감정은 아예 느껴볼 기회조차 갖지 못했다.

대만의 밍후는 700여 통이지만, 통영의 유치환 시인이 이영도 시인에게 보낸 구절양장 편지는 무려 5천여 통에 이른다. 그런데 나는, 이 세월에 편지다운 편지 한번 써본 적이 없다니! 새삼 달아나버린 내 젊은 시절이 자꾸만 뒤돌아 보이고 억울하기까지 하다.

마주보고 말할 수 없을 때 상대를 향하여 말하고 싶은 것을 담아서 보내는 것이 편지의 매력이다. 면전에서 고백하지 못하던 것도 편지에는 담을 수가 있다. 편지지를 펴놓고 잉크에 펜을 적셔 사연을 적어가는 순간 혈관은 부풀고 신비한 정신적 각성覺醒을 느낀다 한다. 또 적절한 문구가 생각나지 않으면 문학서적을 뒤지기도 하며, 정성을 기울여 쓴 편지인데도 맘에 들지 않으면 처음부터 다시 쓰는 일도 비일비재하다지 않던가.

고백건대 그런 즐거움조차 느껴볼 기회 없이 나를 보쌈하듯 데려간 남편이 순간 원망스러울 때가 있었다.

그런데 그런 남편으로부터 대반전이 시작되었다. 결혼기념일에 카톡으로 편지를 보내온 것이다. 그 카톡으로, 얼마 전까지 '밍후'와

'리'에게서 느꼈던 부러움과 억울한 감정이 일시에 사라져버렸다. 나는 그의 편지를 딸아이에게 공개하면서 남편 자랑이나 늘어놓는 팔불출이 되고 말았다.

> 당신을 가마에 태우고 명정동 골짜기로 올라가면서 흥분과 기대와 희망과 행복을 꿈꾸었지요. 고운 당신을 아내로 맞이한다는 게 과분하다는 걸 알기에 당신을 누구보다도 행복하게 해주리라 다짐했답니다. 그러나 우리 앞에 가로놓인 모진 가난 때문에 당신에게 기쁨과 행복을 줄 여유도 없이 번민과 고통의 세월을 살아왔구려.
>
> 여보! 못난 남편 만나 그동안 고생 많았소. 당신께 미안하고 잘못된 것 용서를 구합니다. 앞으로 서로 건강 지키며 아이들과 함께 더 오순도순 살아갑시다. 남은 인생 당신을 위해 최선을 다할게요. 세상이 끝나는 날까지 당신만을 사랑하렵니다.

전혀 생각지 못했던 남편의 고백에 나는 마음이 울컥해졌다. 장문의 편지가 아닌들 어떠랴. 유행가 가사처럼 '미안해요, 고마워요, 사랑해요.' 만이라도 감지덕지일 텐데.

나는 요즘 틈만 나면 그에게 카톡을 보내곤 한다. '오늘도 수고 많았어요. 너무 무리하지 마세요. 운전 조심해요.' 등등.

이 나이가 되도록 연애편지 한 번 주고받지 못했다는 섭섭함은 거짓말처럼 사라졌다. 그리고 새삼스럽게 주고받는 카톡으로 색다른 행복감에 젖어든다. 횟수는 몇 번 되지 않지만, 이게 남편과의 새로운 연애의 시작이 아닐까. 이런 속도로 가다 보면 우리가 주고받는 카톡이 700통을 능가할지 어찌 알랴.

나는 남편에게 분홍빛 카톡을 계속해서 보낼 것이다. 문자 편지로 싹텄던 미움과 서운함까지 한순간에 날려 버린다는 것을 알게 되었음으로.

나이 들면 보이는 것들

– 동피랑 벽화 마을에서

나이가 들수록 사물을 보는 눈은 침침해지지만, 그 사물의 내면에 숨겨진 아름다움을 보는 눈은 깊어지는 것일까.

얼마 전 동피랑 마을을 찾았다. 왜 갑자기 그곳 가파른 언덕 마을을 올라가 볼 생각이 들었는지 모른다. 아마 봄햇살이 따스해서였을 것이다.

동피랑은 이름 그대로 '동쪽 벼랑'이라는 뜻이다. 통제영統制營의 동쪽 바다를 감시하고 견제하기 위한 포가 설치되었던 언덕 꼭대기가 동포루東砲樓이다.

시에서는 좁은 골목을 따라 다닥다닥 붙은 낙후된 이 마을을 철거한 뒤 동포루를 복원하고 언덕 전체를 공원으로 조성할 계획이었다.

그즈음 한 시민단체가 발 벗고 나서서 '동피랑 색칠하기–전국벽화 공모전'을 열었고, 전국의 미술대학생과 일반인들이 모여 담벼락과 축대에 벽화를 그렸다. 그 후 관광명소로 탈바꿈되면서 보존 쪽으로 정책이 바뀌었고, 타 지역 예술인들이 작업할 수 있는 공간도 서너 채 활용되고 있다.

사실 나는 그게 관광객이 탄복할 정도로 아름답다고 생각해 본 적은 없었다. 환경은 열악하고 공간은 좁고 오르내리기 힘든 비탈길은 그대로일 테니.

그런데 오랜만에 가본 동피랑은 생각과는 달랐다. 마을은 예전 그대로인데 정경은 사뭇 달라 보였다. 천천히 걸으면서 숨차는 데까지만 갔다 오리라던 생각은 바뀌고 말았다. 마을 입구에 설치된 '트릭아트 포토 존'에서 연인들은 추억 만들기에 바빴고, 갤러리에서는 전시회가 한창이었다. 마을 뒤쪽 동문로에는 차들이 분주하게 오가고, 관광객들은 '천사의 날개' 앞에서 사진 찍기에 여념이 없었다. 부모들과 여행 온 아이들은 행복해 보였고, 힘들다며 투정하는 여자 친구를 다독여주는 젊은이의 모습도 정겨웠다.

쉬엄쉬엄 이곳저곳을 다니다 보니 어느새 동포루에 다다랐다. 그곳에 서서 내려다보니 시가지가 한눈에 들어왔고, 강구 안으로 들고 나는 어선들도 보였다. 비좁고 열악했던 동피랑 마을이 이제 통영바다를 배경으로 비로소 아름답게 보인다는 생각을 하고 있는데 순간 머리를 스치는 게 있었다. 마을이 달라진 게 아니라 내가 달라진 것이라는.

벽화로 아기자기하게 꾸몄다고는 하지만 생활의 편리함만 추구하는 현대인들에게 이곳은 불편한 환경의 삶일 뿐이다. 그런데 나이가 들고 보니 불편함보다 더 불편한 것은 자연스럽지 못한 삶이라는 깨달음이다.

이곳은 하나둘 어깨 비빌 온기와 등 기댈 최소한의 공간을 찾아서 들어온 사람들에 의해 그야말로 자연스럽게 형성된 마을이다. 오랜 세월이 흐르면서 골목 귀퉁이 곳곳에 진솔한 이야기가 깃들고 숨 쉬는 곳이다.

내가 살고 있는 아파트처럼 어느 날 사람들이 우르르 몰려와 살면서 서로 눈인사조차 인색한 곳과는 다르다. 오가는 동네 사람들의 인사말 속에서, 주름진 웃음 속에서 정이 흠씬 묻어난다. 서로가 가족 구성원들을 속속들이 알지 않고서는 할 수 없는 인사말이다.

"그 집 아들내미 엊그제 취직시험 칫다쿠더마 우찌됐노?"

"느그 영감 뭄팍 수술했다카더마는 좀 개안나?"

그런 인사들은 정말 끈끈한 정을 나누면서 살아온 사람들만 할 수 있는 것이다.

수십 년 그들이 살아온 이야기가 아름다운 벽화로 승화된 동피랑 마을. 왜 나는 예전엔 그런 것을 못 느꼈을까. 아마 젊어서 보이는 것들이 있고 나이가 들면서 보이는 것들이 있는가 보다.

나이가 들면서 속이 더 좁아지거나 이기적이 되는 사람도 있다. 아름답게 늙자면 늘 비워내는 훈련이 필요한 것 같다.

악기도 빈 속이 필요하고 그릇도 속이 비어 있어야 무언가를 담는다. 꽉 차 있으면 자기 자신밖에 볼 수 없고 다른 진실을 담을 수도 없다. 하나씩 덜어내고 비워내면 보이지 않던 것들이 그 빈 곳을 메우고 들어오지 않던가.

평생을 통영에서 나고 자라 나이 들어가면서 동피랑을 아름답다고 느낀 것은 오늘이 처음이다. 그리고 늦은 개안開眼이지만 그런 나 자신이 다행스럽다.

나이가 들수록 사물을 보는 눈은 침침해지지만, 그 사물의 내면에 숨겨진 아름다움을 보는 눈은 깊어진다는 생각을 하며 그곳을 내려왔다.

내가 꿈꾸는 세상

'내가 꿈꾸는 세상'이란 주제를 받아들고 곰곰이 생각에 잠긴다. 내가 꿈꾸는 세상은 과연 어떤 세상일까. 아니 그런 생각을 해본 적은 있었던가? 솔직히 대답하면 '아니다.'이다.

왜 그런 생각을 해보지 않았을까? 살아온 지난 세월을 돌아보면, 꿈꿀 시간도 없을 정도로 바쁘게 살았다. 꿈꾸는 것조차도 사치라 여길 정도로 정신없이 살아온 것이다.

누구나 그렇지만 결혼하는 순간 청춘의 환상은 깨지고 생활이 묵직한 현실로 다가온다. 시댁과의 관계도 그렇고 남편과의 관계도 그렇다. 그러다 아이가 태어나고, 아이들 자라는 것도 미처 깨닫지 못할 정도로 일상에 쫓기며 살았다.

그렇다고 내가 눈감고 살아온 것은 아니다. 순간순간 '이런 것은 고쳐져야 더 나은 세상이 될 텐데.'라는 생각은 했다. 불의를 보면 분노하고, 그러다가도 당당하게 나서지 못하는 스스로의 비겁함에 또다시 분노하고 좌절했던 경험은 어디 나만의 일이겠는가.

갈수록 사람과 사람 간의 거리가 멀어지고, 영화와 게임에선 폭력이 난무하며, 그 가상의 폭력은 마침내 거리로 튀어나온다. 범죄가 점점 더 잔인해지는 건 예술을 빙자한 장사치들의 왜곡된 표현자유 때문은 아닐까.

어른의 가르침보다 인터넷 문화가 찬양받는 시대, 무한 존경을 받았던 어른은 핀잔받는 늙은이로 전락한 시대. 세상에는 편견과 왜곡된 시각으로 힘들어하는 사람들이 많다. 그런 편견이 사라지기를 간절히 바라는데도 사라지지 않고 있다.

서민들은 큰 것을 바라지 않는다. 학교나 사회에서 왕따가 없는 세상, 장애인이 차별받지 않는 세상, 소년소녀 가장이 따뜻한 환경에서 생활하며 노인이 존경받는 세상, 돈이 없어 치료받지 못하는 일이 없는 세상, 이것만으로도 우리 사는 세상은 훨씬 따뜻하고 아름다워질 텐데.

모두가 알고 있고 공분하는 문제인데도 고쳐지지 않는 이유가 무엇일까? 화살은 한곳으로 날아간다. 국민을 대표하는 정치인들이 그런 문제에 관심이 없기 때문이다. 문제해결의 가장 선두에 서 있어야 할 정치인들이 당파싸움으로 정신없는데 어찌 문제가 해결되겠는가. 어떤 때는 그들의 행동이 민초들보다 더 야비하며 권모술수가 횡행橫行해 보이는데 무엇을 기대하리.

해서 '내가 바라는 세상'은 하나다. 바른 생각을 하고, 정의로운 행동을 하며, 국민의 아픔을 자신의 아픔처럼 따뜻하게 보듬으려는 심성을 가진 사람들이 정치를 하는 세상.

꿈만 꾸는 게 아니라 진정으로 그런 날이 오기를 희망한다. 시인의 노래처럼 이런 세상이 온다면 얼마나 좋으랴.

그런 세상/ 임보

청소부의 월급봉투가 구청장의 것보다 더 두둑하고,
근로자의 승용차가 사장의 것보다 더 고급일 수도 있는 그런 세상.

국회의원 입후보자가 없어서
중앙선거관리위원회 직원들이 입후보자 모집 가두 캠페인을 벌이는 그런 세상.

아침마다 신문이나 방송의 톱뉴스는
예술인들의 신작 발표 행사로 장식되는 그런 세상.

노인이 되어도 서럽지 않은, 아니 노인이 빨리 되고 싶어 머리를 허옇게 탈색하는 사람들이 늘어나는, 어른들이 대접받는 그런 세상.

(하략)

내가 꿈꾸는 세상의 모습이다. 만일 그렇게만 된다면 이런 행복도 맛볼 수 있지 않을까. *'식구들이 저녁 강가에 모여앉아 꽃물든 손으로 수저 들 때/ 식구들의 이마에 환한 꽃빛이 비치는 것을 바라보는' 일.

* 이기철 시인의 <내가 바라는 세상>에서 인용.

기다림은 불꽃이어라

기다림이라는 말은 일상에서 흔하게 오가는 말이다. 책이나 혹은 시나 노래를 통해서 상시로 보고 듣는 단어지만, 그 뜻을 깊이 있게 생각해 본 것이 이토록 아스라하다니!

내게 다시 질문을 던져보았다. 내가 누군가를 어느 만큼이라도 절실하고 간절하게 기다리거나, 간절히 기다려 본 적이 있는가를.

오래전 비록 망부가는 아닐지라도 그 비슷한 이야기처럼 누군가를 기다리며 힘겹고 어려울 때를 견디던 시절이 있었다.

신혼 초였다. 엔지니어였던 남편은 부산의 한 신설회사에 스카우트되었다. 당시 나는, 연로한 시부모님을 모시고 있었기에 남편과는 따로 지낼 수밖에 없었다. 연애결혼은 아니라지만 한창 깨가 쏟아질

시기였기에 그때의 일 년여는 참으로 긴 시간이었다. 부끄럽게도, 남편이 어서 승진하여 시집살이로부터 나를 해방시켜 데려가 주기를 바랐었다.

또 한 번은 6 · 25 때 월남한 어머니께서 '대한적십자사'에 이산가족 찾기 신청을 했을 때였다. 초등학교 시절 방학만 되면 외가에 다녀온 애들이 어찌 그리도 부러웠던지, 나이가 들어서도 그 부러움은 여전했다. 길을 걷다가도 외할머니! 외삼촌! 하고 누군가가 부르는 듯싶으면 발걸음이 저절로 멈춰지곤 했다. 나는 이산가족 찾기에라도 나가 외삼촌 가족을 만날 수 있기를 간절히 소망했다. 그러나 어머니와 나의 바람은 끝내 이루어지지 않았고, 금강산에 다녀오는 것으로 작은 위안을 삼았다.

그리움에 대해 생각하면서 새삼 깨달은 것은, 나는 기다리기보다 늘 쫓기면서 살아왔다는 것이다. 누군가에 의해서 때에 맞춰 평생을 그렇게 쫓기듯 살아온 것이다.

어릴 적은 아버지의 술주정 때문에 거리로 내쫓겼고, 아버지의 가정폭력에서 탈출하자고 쫓기듯이 결혼을 했다. 돈 한푼 없이 시작한 결혼생활은 자식 낳고 키우는 것만도 버거운데 외판원에서 요리강사까지 닥치는 대로 일을 했다. 규모는 작지만 가족 사업을 하면서 지금 내가 누리고 있는 생활의 안정감은 그때와는 비교할 수 없을 정도로 크다.

이제는 쫓기는 일상에서 많이 벗어난 상태다. 한숨 돌리며 내가 거쳐 온 자리를 보니 내 인생의 그림자는 이미 많이 기울어 있지 않은가.

꿈을 꾸고 그것을 기다려야 할 봄은 우울하게 흘러갔고, 한창 즐겁고 깨가 쏟아져야 할 여름날은 땀으로 얼룩졌다. 풍요로워야 할 가을은 쭉정이뿐이고 이제 실패의 문턱에서 쫓기듯 돌아보니 멀리까지 찬바람 부는 들녘이 누워 있다.

기다림은 여유인데 난 그 어떤 여유도 없었다. 어쩌면 쫓기면서 살아온 사람에게 여유는 사치일 뿐이었다. 나도 이제 얼마간은 정서적 사치를 누리며 살고 싶다. 부드러운 봄의 향기나 강렬한 청춘의 여름이나 풍요로운 가을의 여유는 아니지만 초겨울 벽난로 앞의 운치쯤은 누리고 싶은 것이다.

내게 기다림은 소녀 적인 설렘을 동반한 소중한 생의 에너지다. 내 인생의 마지막을 장식하는 삶의 평화이며 굽이굽이 산모퉁이 같은 풍경이다. 기다림은 내 고단했던 삶을 어루만져 위로하고 끌어주는 내 삶의 총량이었다.

빌 게이츠는 '가난하게 태어난 것은 당신 책임이 아니지만, 가난하게 죽는 것은 당신의 책임'이라고 했다. 내게 기다림이 존재하는 한 내 생의 시간들은, 그 기다림의 존재성만큼 유장하고 풍성하기에 더 많은 세상을 설렘 갖고 기웃거릴 수 있을 것 같다.

이제 나는 기다림을 산마루 삼아 내 여분의 삶을 올려다보며 반질반질한 공예품처럼 다듬어 가리라. 때로는 기다림을 징검돌 놓아 생의 세찬 여울을 건널 것이다. 아니, 알곡이 싹트는 모습을 키우고 지켜보는 들녘처럼 아주 천천히 기다림의 벽면을 오르면서 내 여분의 시간들을 밝히며 불태울 것이다.

살아 있음은 축복이다

말로만 듣던 일이 내게 일어났다. 오래전부터 척추디스크와 측만증과 협착증으로 고생한 터였다. 수술을 진지하게 고민한 적도 있었다. 그러나 인공디스크를 삽입해야 하는데 허리 유연성이 없어질 뿐만 아니라, 잘못되면 되돌릴 수 없는 후유증이 남는다기에 그것만큼은 피하고 싶었다.

기氣 치료를 비롯하여 신경차단술 등 좋다는 치료는 다해 보았다. 심지어 피를 뽑아서 시술하는 PRP주사도 7회나 맞았다. 그 주사를 맞아 보지 않은 사람은 모른다. 긴 주삿바늘이 척추 사이사이에 10번 이상 내리꽂히는 게 얼마나 고통스러운지를.

허리가 편치 않다 보니 활동 폭이 좁아졌고 가정생활과 작품 활동에도 지장이 많았다. '나이 60부터는 내 인생을 위한 시간이라고 여겼는데 이게 뭐람.' 하는 자괴감이 들면서 통증에서 벗어나는 방법을 찾아 헤맸다 해도 과언이 아니다.

지난 8월에 드디어 찾은 것 같았다. TV 건강프로에서 척추협착증과 디스크를 비수술적인 방법으로 시술한다는 의사 선생의 말씀에 귀가 솔깃해졌다. 서울병원 몇 곳에서 상담하기에 이르렀고 '척추전문병원'으로 소문난 병원을 택했다. 시술 시간은 삼십여 분으로 마취가 필요 없는 아주 간단한 것이었다. 게다가 몇 시간 후면 일상생활도 가능하다는 게 아닌가. 의학이 발달된 시대에 살다 보니 이런 날도 오는구나.

나는 통증에서 벗어날 수 있다는 생각에 편안한 마음으로 수술실에 들어갔다. 드디어 시술이 시작되었다. 그러나 생각했던 것과는 너무 달랐다. 애들 셋을 산파도 없이 출산했고, 그 아프다는 PRP주사도 맞아 본 터라 어지간한 건 견뎌낼 수 있었는데도 말이다. 카테터(Katheter)가 꼬리뼈 관을 터덕거리며 들어가더니 그때부터 고통은 시작되었다. 20분쯤 지났을까? 뒷목덜미가 터질 듯 아파오더니 손과 발이 마비되고, 혀가 입 안으로 말려들어가면서 말도 나오지 않았다. 순간 직감했다. 혹 의료사고?

의식이 몽롱해졌다. 잠시 정신을 잃었던 것일까? 의사와 간호사의 다급한 목소리가 들려왔다.

"빨리 3번방으로…."

"숨은 쉬고 있다…."

인턴인 듯한 사람이 산소호흡기를 입에 대고는 연신 손으로 호흡을 시켰다. 약물이 뇌간을 건드렸다는 귓속말도 들렸다. 그때부터 죽음과의 사투가 시작되었다. 잠이 쏟아졌고 목울대에서만 숨이 할딱거렸다. 정신줄을 놓으면 죽는다는 생각에 의식을 잃지 않으려 사력을 다했다. 격한 토사吐瀉로 인해 위와 장이 깨끗이 비워졌다. 평소 혈압이 110/70이고 혈당은 식후 110 정도였는데, 혈압이 200을 넘었고 혈당수치가 240이라는 말이 모깃소리처럼 들려왔다. 가물가물한 의식 속에서 남편과 가족의 얼굴을 떠올렸다.

'이대로 죽을 수 없어. 꼭 살아야 해! 하고 싶은 일도 많고, 이루고 싶은 일이 얼마나 많은데….'

한 달 내내 누워서 지냈다. 수저 들 힘도 없고, 조금만 움직여도 식은땀이 줄줄 흘러내렸다. 몸무게가 4kg나 빠졌고 다리에 힘이 없어 걷는 것도 힘들었다. 하루 걸러 링거와 영양제를 맞았고, 기력을 회복하기 위해 보약과 고단백 식품을 섭취했다.

한때 내 삶이 지독하게도 비관적으로 보이던 시절이 있었다. 산다는 것 자체가 고통으로 여겨졌다. 나는 스스로 삶을 포기하려 했다.

그러던 내가 삶과 죽음의 경계에 서자 삶의 언덕 쪽을 미친 듯이 기어올랐던 것이다.

한 달여가 지나자 기력이 0에서 60 정도로 회복되었다. 목소리에 힘이 들어가면서 식은땀도 나지 않고 산책도 했다. 기억력이 현저히 떨어지는 등 여러 가지 후유증에 시달리지만 그래도 후회하지 않는다. 생명은 소중한 것이며 살아 숨 쉰다는 건 큰 행복이며 축복이라는 걸 알게 됐지 않은가.

살아 있음에 진정 감사한다.

통영 문화마당을 거닐며

– 내가 좋아하는 길

나는 가끔 중앙전통시장에서 찬거리도 살 겸 문화마당에 간다. 바다 위에 떠 있는 거북선과 판옥선을 보다가 고개를 들어 남망산 공원을 본다. 낮은 낮대로 밤은 밤대로 운치 있는 남망산. 또 고개를 왼쪽으로 돌리면 작은 집들이 따닥따닥 정겹게 붙어 있는 동피랑 마을까지 덤으로 볼 수 있으니 어북 좋은가.

통영에서 가장 내밀한 곳에 자리한 강구안 문화마당은 예향 통영의 자부심이 묻어나는 곳이다. 야외 특설무대가 설치되면 시민들의 발걸음은 바빠진다. 뮤지컬에다 가요와 무용에다 낭랑한 시낭송까지 들을 수 있으니까.

나는 그곳에서 청마와 윤이상 · 김상옥 · 박경리 · 김용익 · 김춘수 시인의 체취를 느끼곤 한다. 바다를 보며 예술혼을 불태웠다는 그분들의 후일담을 듣고부턴 물빛 불빛에 흔들리는 갈매기와 어선, 파도와 별을 번갈아 보며 깊은 감흥에 빠져든다.

근자에 문화마당 골목 안이 '통영 강구안 골목길'이란 이름을 걸고 먹을거리와 볼거리의 명소로 떠오르고 있다. 골목 입구에 프랑스 조각팀이, 화가 이중섭 작품 속의 물고기와 윤이상의 〈달무리〉 악보를 확대해 자전거로 형상화한 작품을 설치했다. 또 백석의 시 20여 편을 전시해 골목 안은 시가 흐르는 멋진 곳으로 변신했다.

예술인들은 영혼이 자유로운 사람들이다. 그들은 자유로운 생각만큼 행동도 거침없다. 사랑도 예외는 아니어서 통영의 대표적인 로맨티스트 청마와 정운과의 러브 스토리는 시공을 뛰어넘어 얼마만큼 간절한가.

강구안 골목에 들어서서 백석과 통영 처녀와의 인연을 떠올린다. ≪조선일보≫ 기자였던 백석은 1935년 친구의 결혼식 피로연에서 '란'(본명 박경련)을 만나게 된다.

첫눈에 반한 백석은 짝사랑의 심정으로 '란'을 만나기 위해 세 번이나 통영을 찾아왔건만 한 번도 그녀를 만나지 못했다 한다. 청혼하러 간 마지막 방문에서는 처녀 집안의 반대로 돌아서야 했고, 그래서 〈통영 2〉 등 세 편의 명편 시를 남겼다고 전한다. 한참 후

백석은 '란'의 결혼 소식을 전해 듣는데 상대는 친구 신현중이었다. 강구안 골목에 서서 그의 시를 읽노라니 이루지 못한 사랑의 아픔이 스미듯이 전해온다.

> 남쪽 바닷가 어떤 낡은 항구의 처녀 하나를 나는 좋아하였습니다. 머리가 까맣고 눈이 크고 코가 높고 목이 패고 키가 호리낭창하였습니다. (하략)
>
> — 백석의 산문 〈편지〉

> 바람 맛도 짭짤한 물맛도 짭짤한// 전복에 해삼에 도미 가재미의 생선이 좋고/ 파래에 호루기의 젓갈이 좋고// 새벽녘의 거리엔 쾅쾅 북이 울고/ 밤새껏 바다에선 뿡뿡 배가 울고/ 자다가도 일어나 바다로 가고 싶은 것이다 (하략)
>
> — 백석의 시 〈통영 2〉

시인이 통영바다를 이렇듯 감칠나게 표현한 것을 보면 그 처녀를 얼마나 사모했는지 알 만하다.

문화마당에서 중앙시장과 동피랑으로 이어지는 길은 이 지역 사람이라면 태어나서 죽을 때까지 헤아릴 수 없이 오가는 길이다. 백석도 거닐었고, 통영의 예술인이라면 누구나 걸었을 이 길. 또한 수없이 많은 무명소졸無名小卒들도 지나갔을 이 길이 이제는 문화명소로 옷 바꿔 입었다. 자신만의 꿈을 이루기 위해 삶의 무게에 전력투구했던 사람들의 땀 냄새가 고스란히 기록된 곳이다.

어릴 적 보고 살았던 방물장수, 멋들어진 가위장단의 엿장수, 신명나는 북소리의 동동구리무 아저씨, 신기료장수, 오려떼기 좌판 아줌마 등등. 지금은 사라졌지만 부모 봉양하고 자식 잘 키우며 성실하게 살았던 이 땅의 사람들이다. 이들의 세월이 추억이란 이름으로 지금껏 우리의 옛 시간을 붙들고 있다.

그들 사이 어딘가에 내 유년과 청춘 시간도 내 지금의 모습을 지켜보고 있으리라. 그때 나는 꿈을 꾸고 그리도 사랑하며 사랑받기를 바랐던 갈래머리 소녀였다.

추억이라고 모두가 아름다운 것은 아니다. 중앙시장과 동피랑의 길은 내게 아픔을 준 길이기도 하고, 꿈을 꾸게 한 길이기도 하다. 그래서 아름답고 그래서 추억이 되었다. 주사가 심했던 아버지를 피해 일주일에 서너 번은 동생 다섯을 데리고 바닷가에 나가 별을 보거나 정박되어 있는 저 배를 타고 가면 어디에 가게 될까를 막연하게 생각하곤 했다. 무작정 어디론가 떠나고 싶다는 충동을 가까스로 견디며 지나온 아프고 슬픈 세월이었다.

그 길을 따라 학교에 다녔고, 결혼도 하였다. 결혼하고 첫 사업을 시작했던 곳도 문화마당의 길과 이어져 있다. 사업을 확장하고 글을 쓰면서 지금의 시간까지 살아왔으니 그곳은 소시민 양미경의 고마운 인생을 고스란히 지키고 있는 길이기도 하다.

짭조름한 바다 냄새를 맡으며 나는 문화마당에 서 있다. 내가 꾸었던 작은 꿈들을 하나하나 짚어본다. 좀 더 시간이 흐르고 나면 오늘의 이 시간도 짚어보며 또 많은 추억을 떠올리겠지.

찬란한 슬픔, 김기덕

한국이란 나라, 정말 놀랍다. 런던올림픽에서 세계 5위라는 기록적인 성적으로 세상 사람들을 놀라게 하더니, 가수 싸이가 〈강남 스타일〉 뮤직비디오 하나로 세계의 대중음악계를 흔들어 놓고 있다. 그뿐인가. 세계 3대 영화제 중 하나인 베니스 영화제에서 김기덕 감독이 '황금사자상'을 수상하는 쾌거를 이뤘지 않은가.

여름의 끝자락에 듣는 이런 행복한 뉴스에 대한 흥분을 가라앉히기라도 하듯이 며칠째 계속 비가 내린다.

가을을 재촉하는 빗소리를 들으며 곰곰이 생각한다. 세계적 스타가 된 김기덕 감독과 현재의 한국 사회를 조금 우울하게 대비하게 되는 것은 어쩔 수 없는 일이다.

핵가족화를 우려하던 1980~90년대의 근심은 이제 현실이 되었다. 결손가정, 가정의 무관심과 사회의 무관심, 가정폭력, 학교폭력, 10대 범죄, 게다가 자살률 8년째 OECD 1위라는 충격적인 사실 등 어느 것 하나 만만한 문제들이 아니다. 내가 이런 사회구조적 부조리한 모습에 김기덕 감독을 오버랩하는 것은, 바로 그가 그런 환경에서 자란 사람이기 때문이다.

김기덕은 스스로를 '열등감을 먹고 자란 괴물'이라고 표현했다. 정식 학력은 '중졸'로 스무 살에 해병대에 입대해 5년간 부사관으로 근무한 뒤 총회신학교 신학원에서 공부했다고 한다. 그러다가 그림에 뜻을 두고 무작정 프랑스로 건너갔고, 거리에서 초상화를 그려주며 생계와 학비를 해결했다. 그러다가 영화 〈양들의 침묵〉과 〈퐁네프의 연인〉을 본 후 영화감독이 되기로 마음을 굳혔다는 것이다.

그의 삶의 궤적을 살펴보면 지금의 그가 신기할 정도다. 자신의 어린 시절에 관해서는 좀체 말을 하지 않지만, 영화를 통해서, 얼마나 내몰리는 극단적인 삶을 살아왔는지를 헤아릴 수 있다.

내가 처음 만난 김기덕 작품은 〈봄여름가을겨울 그리고 봄〉이다. 영상이 아름다워 몇 번을 보았다. 그 후 〈섬〉, 〈나쁜 남자〉, 〈빈집〉을 보았는데, 그 영화를 관객의 입장에서 보니 마음이 불편했다. 그런데도 무언가에 끌려 다시 보게 된다. 극단으로 치달아 최악의 나락으로 떨어지고 어떤 계기를 통해 반전을 이루며 구원을 획득하는 영화의 줄거리 대부분이 그 자신의 이야기가 아니겠는가.

그는 열악한 유년기를 보냈다. 아무한테도 그는 구원의 손길을 내밀지 않았다. 그 결과 최악의 나락으로 떨어져 보기도 했고, 스스로가 스스로에게 구원이 될 수 있다는 것을 깨닫기도 했다. 그러면서도 세상 사람들이 주목할 크고 위대한 스타 감독으로 우뚝 선 것이다.

나는 그를 통해 하나의 가능성을 보았다. 연일 신문과 방송을 장식하는 우리 아이들의 문제와 그것들에 노출된 열악한 환경과 정서적 토대를 어떻게 바로 세울 수 있을 것인가를. 인간 김기덕은 자신에게 주어진 극단적이고 불우한 상황을 문화예술적 감성으로 극복하고 승부했다. 그렇지 않았더라면 영화에서 보이는 그의 거친 감성의 향방이 어디로 폭발했을지 모를 일이다.

영화 · 음악 · 미술 · 문학으로 대변되는 예술적 기능은 인간의 심성을 자극한다. 거칠고 험악한 사람을 녹이고 슬픔 가운데서도 사람을 일으키며 세상의 죽음 같은 폐허로부터 어루만지며 치유한다. 그게 바로 예술의 본질 아닐까.

지금 여러 학교에서 예체능 동아리로 실험한 결과 왕따나 학교 폭력이 현저히 줄었다고 한다. 범죄자들을 대상으로 한 인문학 강좌를 통해 그들의 자존감이 되살아난다는 것이다. 친구를 괴롭히던 아이도, 인생을 낭비하던 어른도 예술을 통해 거듭날 수 있다는 것은 이미 여러 실험을 통해서 밝혀졌다.

그런데도 우리 사회, 특히 교육계는 이를 외면하고 있다. 예체능은 아직도 주변 학과에 불과하다고 생각하며 음악, 미술, 문학 등은 자투리 시간에나 하는 것으로 생각하고 관심 밖의 학문으로 여긴다. 지금 학교가 그들 과목을 그렇게 만들고 있는 것이다.

예술이나 예능은 주변 지식이 아니라 인간의 휴먼을 일깨우는 가장 본질적인 지식이다. 성적 위주의 학과목처럼 예체능 또한 교육의 기본으로 삼는다면 나락의 끝에 서 있는 아이들도 스스로를 구원하고 일으켜 세울 힘을 얻게 된다는 것을 김기덕을 통해서 보고 있지 않은가.

그의 슬픔이 찬란한 빛으로 살아나고 있다. 그가 이 땅의 또 다른 힘든 아이들에게 찬란한 빛이 되기를 소망한다. 나는 지금 김기덕 감독에게 가슴으로부터 뜨거운 박수를 보낸다.

수려한 예향 통영에 살면서

1.

통영은 내 고향이다. 이곳에서 60년 넘도록 살아왔고 내 삶의 끝이 될 곳도 분명하다. 구절양장九折羊腸 같은 인생길이란 말이 있듯, 결혼하여 자식들 키우며 살아오는 동안 강물 같은 세월이 어찌 행복하기만 했겠는가. 그래도 이곳이 싫었던 적은 단 한 번도 없었다. 다시 태어날 수 있고 태어날 곳을 선택할 수만 있다면 나는 통영에서 다시 태어나고 싶다.

동양의 나폴리라 불릴 만큼 아름다운 섬과 해안을 소유한 통영은 외관만 수려한 게 아니다. 어느 도시와도 비길 수 없을 만큼 많은 예인藝人들을 배출한, 외면과 내면이 모두 아름다운 곳이다.

유치환 · 김춘수 · 김상옥 · 박경리를 비롯한 문인들과 세계적 음악가 윤이상 · 전혁림 화백 등이 통영이 배출한 예인들이다. 이들이 예술적 천재성을 키울 수 있었던 것은 통영이라는 아름다운 풍광에서 치열한 예술혼을 불태웠기 때문이 아니겠는가.

2.

인구 14만의 소도시 통영. 지금의 통영시라는 지명이 확립되기까지는 많은 변동이 있었다. 1593년(선조 26) 초대 삼도수군통제사三道水軍統制使로 제수된 이순신 장군은 최초의 본진本陣을 한산도에 설치했다. 6대 통제사 이경준李慶濬이 1604년에 현재의 통영시 문화동 일원으로 통제영을 옮겨와 문 닫을 때까지 경상 · 충청 · 전라도 삼도수군을 지휘하는 본영이 이곳에 있었다.

통제영을 현재의 통영시로 옮기면서 통영이란 이름이 자리 잡게 되는데, 그전의 명칭은 '두룡포'였다. 1955년에 통영읍 대부분이 충무시로, 그 외의 지역은 통영군으로 승격되었다. 이후 1995년에 충무시와 통영군이 통합되어 통영시가 되었다. '충무'는 충무공忠武公 이순신의 시호에서 왔고, '통영'은 통제영에서 왔으니 규모는 작지만 민족의 영웅 이순신 장군과도 떼려야 뗄 수 없는 유서 깊은 고을이다.

이순신 장군은 ≪난중일기≫와 많은 한시漢詩를 남겼다. 무장으로서 뛰어난 전략가요, 유려한 문장가였던 것이다. 통영의 경관에 취하면 절로 시를 읊조리게 된다는 어느 시인의 말처럼, 장군께서 전시 중에 남기신 그 유명한 〈한산도가閑山島歌〉와 〈한산도야음閑山島夜吟〉은 지금 읽어도 걸작이다.

3.

나는 1952년, '통영읍'일 때 태어났고 줄곧 이곳에서 자랐지만 어린 시절의 기억은 많이 지워버렸다. 나이가 들면서 유년의 일들은 자연스레 잊는다고 하지만, 내 경우는 스스로 어린 시절의 기억을 지워버린 일종의 '자발적 부분 기억상실증'이라고나 할까.

마치 느와르 영화의 어둠침침한 화면처럼 내 유년의 기억 대부분은 그런 화면 속에 묻혀 있다가, 가끔 불쑥 튀어나온다는 것이 문제다. 그럴 때는 기억의 퍼즐을 맞춰보려고 하지만, 몇 조각이 분실된 것처럼 좀체 맞춰지지 않는다. 그러다 부질없게도 내가 왜 이런 슬픈 기억의 조각들을 꿰맞추고 있는 걸까, 자책을 한다.

통영이 고향이긴 하지만 토박이는 아니다. 경남 진해가 고향인 아버지는, 함경북도 청진에서 성장하여 6 · 25 때 남하한 어머니와 거제 피난민 수용소에서 처음 만났다. 거제 연초延草로 출장 중이던 아버지는, 철조망 사이로 어머니를 만났고 청혼하여 통영에서 둥지를 틀게 되었다 한다. 당시 불심검문을 피해, 험한 산길을 몇날 며칠을 걸어서 통영까지 오느라 너덜너덜해졌을 어머니의 치맛자락과 고무신, 생각만 해도 애잔하다.

내 기억의 시발은 서너 살부터인데 초등학교 졸업할 때까지는 지금의 강구안 근처인 항남동 바닷가에 살았다.

다른 것은 몰라도 그 공포의 사하라 태풍을 똑똑히 기억한다. 집채처럼 몰려다니다 해안 마을을 초토화시킨 어마어마한 파도와 바람은 지금 생각해도 온몸이 움찔하다. 어찌 대피할지 몰라 아우성치는 사람들과 해안을 벗어나 안쪽으로 대피한 사람들이 함께 겪었던 극도의 공포감. 그것은 어쩌면 내 인생 도입부를 장식한 시련의 전조를 미리 보여준 것인지도 몰랐다.

문제는 늘상 아버지의 술주정에서부터 시작되었다. 아버지가 술을 드시고 오는 날은 멀리서부터 들리는 고성방가로도 온 식구가 죽음 같은 공포에 떨어야 했다. 그런 날이면 나는 동생 다섯을 데리고 바닷가를 배회하며 추위에 떨다가 궁여지책으로 파출소를 찾아들기 여러 번이었다. 밤바다를 불 밝힌 여수와 부산을 오가는 여객선을 보면 큰 도시로 도망칠 수 없을까를 수없이 생각했다.

그 후 얼마 동안은 서호동 간장공장 근처에 살았는데, 마당이 넓고 집 옆으로는 도랑이 흘렀다. 가정 선생 댁과는 마주보며 살았는데, 우리 집에서는 일주일에 서너 번 집기 깨지는 소리가 났고, 허겁지겁 도랑물을 철벅이며 어머니와 여섯 남매가 도망을 치곤 했다. 그 일이 창피스러워 선생님을 만나면 숨기에 바빴다. 한참 후 동피랑 아래 동호동 바닷가로 옮겨서 나는 그런 피해의식에서는 벗어날 수 있었다.

몇 해 후 어느 날인가, 아버지의 호출이 있었다. 어떤 불호령이 떨어질지 몰라 좌불안석하고 있는데 아버지께서 말문을 열었다.

"너 시집가거라. 찬물만 떠 놓고 혼례식 올리자는 신랑감이 나타났다. 술과 담배도 안 하는 성실한 청년이다."

아버지의 엄명(?)을 감히, 어떻게 거절하랴. 게다가 다 큰딸년이 가슴 졸이며 지내느니 차라리 시집보내는 게 낫겠다 생각한 어머니의 속내를 차마 모른 척할 수가 없었다. 정말 아버지의 말씀처럼 이불 한 채와 세숫대야와 요강 하나, 식기와 수저 두 벌만 가지고 시댁으로 들어갔다.

나는 결혼이란 것에 큰 의미를 두지 않았다. 결혼만 하면 집으로부터, 아니 아버지로부터의 탈출이니 그것으로 충분했다.

4.

성장기 시절의 나에게 '문화'라는 말은 사치스러운 단어였다. 사하라 태풍보다 파괴력이 컸던 아버지의 기세에 가족들은 늘 주눅이 들어 살았고, 하루하루가 고통스러웠던 내게 삶이란 그저 버텨내야 하는 일종의 형벌 같은 것이었다. 어린 나이임에도 삶에 마침표를 간간이 떠올릴 정도였으니 '문화'는 저 바다 건너에 일렁이는 딴 세상의 일만 같았다.

그런 내게 처음 '문화적'인 생각을 갖게 해준 분이 초등학교 4학년 때 담임 선생이었다. 작문 시간에 〈어머니〉라는 글을 썼는데 나는 그날 이후로 교내외의 백일장에 얼굴을 내밀게 되었다.

또 여학교 시절에 만났던 선생님 한 분도 큰 영향을 주었다. 교정에서 팝송과 세계명작들을 들려주던 영어 선생이었는데 인생에 있어서 여유란, 꼭 가정이 평화롭다거나 금전적 풍요에서 주어지는 게 아니라는 것을 그때 알았다. '문화'를 통해서 스스로 내면적 행복을 찾을 수 있다는 것을 조금씩 깨닫기 시작한 것이다.

그 시절 영어 선생을 기복이 심한 삶의 고비마다 그리워했지만 마음의 여유가 없어 찾아뵙지를 못했다. 몇 년 전에야 수소문해서 찾아뵙고 인사를 드렸는데, 많이 늙어 있었다.

이후로 나는 문학에 마음이 쏠렸다. 일종의 책 속으로의 도피였다. 하지만 그건 한때의 꿈이었다. 우울한 성장기의 소녀가 자신만의 세계를 구축하고 싶다는 애절한 갈망이 부풀린 꿈에 불과했다. 스무 살 무렵 나는 결혼했고, 아이가 태어났다. 이제 삶은 온전히 내가 나를 책임져야 한다는 고단한 현실 앞에 서게 된 것이다.

밑바닥부터 남편과 함께한 신혼이었다. 아이들이 태어나고 우리는 허리를 펼 시간도 없을 정도로 일해야 했으니 '문학'은 내게 신기루 같은 것이었다. 부모님과 살던 친정은 마음이 힘들었고, 남편과 일구어가는 가정은 몸이 고달팠지만 나름대로 행복했다.

그런데도 간혹, 뭐지? 왜 살지? 하는 고민이 생기더니 급기야는 우울증이 덮쳐 왔다. 그때 까맣게 잊고 지낸 '문학'을 떠올렸다. 아니, 떠올렸다기보다는 신문의 작은 기사 하나가 내 기억의 모퉁이를 자극했던 셈이다. 통영의 '수국 작가촌'에서 '여름 시詩학교'가 열린다는 기사를 접한 것이다. 문학! 왜 그것을 이제껏 잊고 있었지? 나 자신을 위한, 나 자신만의 세계를 갖고 싶다는 나의 간절한 마음을 헤아렸던지 남편은 수강을 승낙해 주었다.

그런데 4년 후 '여름 시詩학교'가 타 지역으로 옮겨가고 말았다. 실망하고 있을 즈음 현수막 하나를 발견했다. 당시 통영시 부시장이던 수필가 고동주 선생님이 주부창작교실을 개설한다는 내용이었다. 나는 즉시 등록하였다. 새로운 세계로 가는 티켓을 받은 기분이

랄까. 더구나 여름 시詩학교 지도 선생께서 "삶의 현실적인 부분을 써보고 싶은 사람은 수필 쪽을 생각해 보라."라던 말씀이 생각났다. 어쩌면 수필창작이 내 적성에 더 맞을지도 모른다는 생각을 하며 '수필'이라는 완고한 성城에 첫발을 내디뎠다.

1994년, 나이 마흔세 살에 등단 과정을 거치면서 통영에서의 수필 여정을 시작했다. 내 생각을 표현하고 내 영혼을 살찌우는 시간이 열렸던 것이다. 게다가 공부하기 위해 서울도 이웃인 양 즐겁게 오르내렸다.

통영이 배출한 위대한 예술인들의 그림자에 한걸음 다가간 것이 그때부터였다. 관심을 갖지 않았을 때는 그저 책 속의 인물들이고 신문기사 속의 이름에 불과했지만, 관심을 가지면서부터 그토록 대단하다 여긴 분들과의 짝사랑이 시작되었다.

청마靑馬와 대여大餘의 시를 읽으면 가슴이 떨렸다. 박경리 선생의 소설 ≪김 약국의 딸들≫과 ≪토지≫를 밤이 새도록 읽으며 나는 정말 행복했다.

언젠가 청마문학상을 받은 김춘수 선생님을 모시고, 선생님의 생가를 찾았는데 이럴 수가! 바로 우리 집과 이웃한 곳이 아닌가.

그러고 보니 내 살아온 동선 대부분이 예술인들과의 강한 인연으로 엮여 있었다. 통제영이 있던 세병관 부근의 초등학교에 다녔으며, 백일장은 주로 한산도 제승당에서 개최되었다. 학교에 다니면서 청마 선생의 생가와 연서를 썼던 중앙우체국 앞을 수없이 지나다녔다. 여학교에 오고가며 무심코 걸어 다녔던 골목길엔 윤이상 선생의 생가와 시집살이를 시작했던 동네에는 박경리 선생께서 살았던 집도 있었다. 내가 일상으로 발 딛고 다닌 무심상한 이웃이나 거리가 오늘에는 엄청 의미심장한 역사의 현장이 되었으니 나의 글공부는 심리적 동기부여에 충만했다.

5.

시가지가 외곽으로 확장되면서 통영도 많이 변했다. 내가 어릴 적 살았던 항남동 근처는 문화마당으로 새 단장을 했다. 강구안 문화마당에 서면 그 옛날 이순신 장군의 호령 소리가 들릴 듯, 전라좌수영거북선 · 통제영거북선 · 한강거북선과 판옥선이 장엄하게 바다에 떠 있다.

임진왜란 때 풍전등화와도 같던 나라를 구해낸 전쟁이 바로 한산대첩 아닌가. 그 승전을 기념하기 위해 해마다 8월이면 '한산대첩축제'가 성대하게 열린다.

나는 행사 기간 내내 축제의 바다에 빠져들었다. '삼도수군통제영 군점'과 '통제사 행렬'에 승전무와 오광대도 빠짐없이 관람했다. 축제의 프로그램은 여러 가지였지만 하이라이트는 단연 '한산대첩 출정식'과 '한산해전 재현'이었다.

산양읍 당포항에서 거북선 3척과 판옥선으로 분장한 어선 50여 척이 깃발을 휘날리며 출정하는 '한산대첩출정식'은 영화 〈명량〉의 장면과 오버랩되면서 행사 기간 내내 내 가슴을 뜨겁게 달구었다.

'한산해전 재현'을 보기 위해 이순신 공원에 올랐다. 수많은 인파들이 산 전체를 단풍처럼 물들이고 있는 모습은 참으로 볼 만했다. 하늘에서는 '블래이글 에어쇼'로 분위기를 고조시키고, 땅에서는 '조선수군 격군훈련'과 '통제영 24반 전통무예'가 펼쳐졌다. 뒤를 이어 바다에서 100여 척이 학익진鶴翼陣을 펼치는데, 나는 어느새 조선 수군이 되어 마구 함성을 질러댔다.

지난해 3월에 '삼도수군통제영'의 복원 공사를 끝내고 일반인들에게 개방했다. 13년에 걸쳐 많은 사업비가 투입되었고, 당시 우리 조선 수군들의 활약상을 한눈에 볼 수 있었다.

통제영의 중심 건물인 세병관은 현존해 있는 조선 시대 3대 단일 목조건물 중 하나라 한다. 만하세병挽河洗兵에서 따온 세병관洗兵館이라는 이름은 '은하수를 끌어와 병기를 씻는다.'는 뜻이며, 출입문인 지과문止戈門은 창을 거둔다는 뜻이니 전쟁 종료의 의미가 담겨져 있다. 다시는 전쟁을 겪지 않게 해달라는 염원과 언제든 전쟁에 대비하자는 뜻으로, 평화를 기원하면서도 국가수호를 게을리하지 않겠다는 뜻을 현판에 담은 우리 조상들의 지혜가 엿보인다.

6.

통영에는 문학관과 기념관이 많다. 박경리기념관, 김춘수문학관 그리고 전 외무부장관 김용식 선생과 소설가 김용익 선생의 기념관 또한 볼거리다. 또 김성수 관장이 설립한 국내 유일의 옻칠미술관도 통영의 자랑이다. 어디 그뿐이랴. 세계적인 음악가 윤이상 선생께서도 나와 같은 통영인이라는 사실만으로 자부심이 든다. 윤이상을 기리는 '통영국제음악제'는 국내는 물론 아시아권에서 가장 권위 있는 현대음악제로 자리 잡았다.

통영국제음악당은 1,300석 규모의 클래식 전용장인 콘서트홀과 300석의 블랙박스홀과 야외무대 등으로 구성돼 있다. 건물 외관은 음악과 자유를 향한 큰 날개를 상징하며, 완벽한 음향시설에다 주변 환경까지 수려해 통영의 새로운 랜드 마크로 자리 잡게 되었다.

시드니의 오페라하우스에 버금가는 통영국제음악당은 파도가 치면 거만하게, 바다가 잔잔할 때는 새색시처럼 고운 웃음으로 손님을 맞는다. 얼마 전 재즈 공연을 보기 위해 국제음악당을 찾았다. 입구로 들어서니 8분 음표가 태극색인 빨강과 파란색으로 단장하고 우리를 반겼다. 나는 쪽빛 바다 위에 갈매기와 요트와 섬이 하나 되어 떠 있는 평화스런 풍광을 보며 새삼 한려수도의 아름다움에 젖어들었다.

콘서트홀 로비에는 전혁림 화백의 작품 〈만다라〉가 전시돼 있다. 전혁림 화백은 오방색을 사용하여 전통미를 현대감각으로 재조명하였고, 자신만의 독특한 회화기법으로 도자기화, 색채조각, 판화 등 3,000여 점을 남겼다. 그의 작품은 전혁림미술관에 전시돼 있다.

7.

어린 시절, 학교에 오가면서 보면 시장 상인들의 힘들고 거친 삶과 그들이 거주하던 동피랑의 집들이 늘 무거운 짐을 지고 짓눌려 있는 듯한 모습으로 다가왔다. 나 역시 그 주변에서 같은 공기를 마시며 살았으니 그들과 매한가지 체취를 지닌 통영 사람이다.

이제 그런 삶의 모습에서 인간적 매력과 정감을 찾을 여유가 생겼지만, 옛 시절엔 어둠 속에서 빛을 갈구하는 힘든 삶의 반복이었다. 어두운 곳에 있으면 다른 이들도 모두가 어둡게 보이지 않던가.

만일 내가, 통영이라는 도시에 바탕하지 않았더라도 문화예술이라는 자양분 위에 제대로 된 문학을 꿈꿀 수 있었을까. 아마도 통영의 예술적 환경이 없었다면 나는 애당초 꿈을 포기하거나 꿈을 꾸지도 못한 채 지금과는 다른 모습으로 살았을지도 모른다. 경상도 청년과 함경북도 처녀와의 사이에서 태어난 내가, 그것도 예향 통영에 태어났다는 건 아무리 생각해봐도 축복 중에 축복인 게다.

언젠가 '나는, 어떤 글을 쓰고 싶은가?'를 자문해 본 적 있었다. 그때 '충무김밥'이 생각났다. 1960~70년대 선착장에서 김밥을 만들어 팔았는데, 더운 날이면 쉬어서 못 먹게 되는 김밥이 많았다. 하여, 김밥과 내용물을 분리해서 팔기 시작했는데, 의외로 사람들의 호응이 좋았다. 그러다가 '국풍 81' 때 어두이魚斗伊 할머니의 '뚱보 할매 김밥'이 전국에 널리 알려지면서 통영의 명물이 되었다.

충무김밥은 유명세에 비해 화려한 음식은 아니다. 맨밥을 김에 말고, 반찬은 무김치와 오징어와 어묵무침으로 단순하다. 소박하지만 서민들이 좋아하는 음식이 충무김밥의 매력이라면 수필의 매력 또한 그렇지 않겠는가. 내 글도 그랬으면 좋겠다. 충무김밥처럼 오래도록 사랑받는 그런 수필을 쓰고 싶다. 없으면 조금 섭섭하고 가까이 있으면 작은 위안이 되는 소박하고 진정성 있는 글로 사람들과 만나고 싶다.

내일은 '한려수도 조망 케이블카'를 타고 미륵산 정상에 서서 통영의 쪽빛 바다에 흠뻑 물들어 보리라.

5부

강태공을 읽다

집 나간 여인이라 할지라도 한때는 죽자사자 가정을 책임졌던 아내인데 차갑게 뿌리쳤다니! 강상은 일국의 재상 노릇은 잘했을지 모르나 자신의 처지만을 앞세운 대책 없는 이기주의자는 아니었을까. 강태공은 미늘 없는 낚시로 권력은 낚았을지 몰라도 사람을 낚지는 못한 것 같다.

눈 내리는 날 추사를 만나다

눈이 내린다. 싸락눈이 흩날리더니 이내 눈발이 굵어진다.

지인에게 전화가 온다. 인근 지역에 설국이 펼쳐졌다는 소식을 전해온다. 생각해볼 겨를도 없이 차에 시동을 걸고 그쪽으로 향한다. 사람의 단순함이라니!

고성 IC로 들어서자마자 싸락눈은 함박눈으로 변하고, 차들이 주춤주춤한다. 산과 들엔 제법 눈이 쌓이고 나뭇가지에 얹힌 눈도 두께를 더한다. 나는, 캔버스 위에 그려지는 설경을 맘껏 감상하면서 라디오에서 흘러나오는 음악을 따라 흥얼거린다.

차들이 서행하기 시작하자 이때다 싶어 창문을 내리고 휴대폰으로 풍광을 찍는다. 즐거워하는 내 모습도 담는다. 그게 세상과 고립되는 전조라는 걸 그때는 왜 미처 몰랐을까.

통영은 일 년에 눈 한번 구경하기 어려운 지역이다. 타 지역보다 훨씬 따뜻해서 눈으로 문제가 일어나는 상황은 보기 어렵고, 눈이 오면 즐겁기만 하지 불편을 줄 거라는 생각은 전혀 하지 않는다.

차들은 점차 속도가 느려지더니, 가다 서다를 반복하다가 어느 순간 고속도로 위에 멈춰서고 만다. 점차 굵어지던 눈발이 폭설로 변해버린 것이다. 기상청 예보를 믿은 게 잘못이었다. 이십여 분이면 IC를 통과하고도 남을 시간인데…. 달려온 제설차마저도 작동을 멈추고 멍하니 서 있다.

'어느새 한 시간이 지나가 버렸네.'

등 뒤에서 차 한 대가 비상등을 반짝거리며 계속 경적을 울린다. 추월차선에 차를 세우고 서 있는 내 차에게 비켜달라는 신호인가 보다. 내 죽을 짓을 어찌하겠는가. 나는 꼼짝도 하지 않는다. 그 운전자는 결국 주행선을 바꾸더니 삿대질을 해대다가 눈길에 미끄러진다. 휴우….

시간이 흐를수록 초조해지면서 불안해진다. 이제 눈이 문제가 아니다. 배둔으로 나가는 오른쪽 IC는 전혀 움직이지 않고 있다. 경사진 길인데다가 길이 얼어 이동을 못하는 것이다. 왼쪽 길은 차들이 그나마 조금씩 움직인다. 나는 고속도로를 포기하고 국도로 나가기 위해 내비게이션을 조작하는데 어렵쇼, 길 안내자마저 불통이다. 한 번도 가본 적 없는 왼쪽 차선을 택하는 쪽으로 모험을 하기로 한다. 멈춰 서 있는 것보다 나을 것 같아서다.

겨우 살얼음판을 뚫고 국도로 나왔지만 어디가 어딘지 알 수가 없다. 세상은 온통 눈이다. 하얀 천지간에 내 차 한 대만 덩그마니 서 있을 뿐이다.

그때 왜 추사의 〈세한도歲寒圖〉가 떠올랐을까? 세상과 권력에서 추방된 유배지의 고립감 속에서 그린 그림. 눈이 왔는지 안 왔는지는 모르지만 하얗게 얼어붙은 세상에 잣나무 두 그루와 노송 두 그루, 그리고 허름한 집 한 채. 그림 속 세상은 외로움으로 차 있다.

나와 그의 상황을 비교할 바는 아니다. 세상이 버린 선비를 잊지 않고 서책을 보내고 소식을 전하는 제자에게 그려준 것이라 한다. 화제畵題는 ≪논어論語≫에 나오는 '세한연후지송백지후조歲寒然後 知松柏之後凋(날씨가 차가워진 다음에야 소나무 잣나무가 늦게 시듦을 안다.)'라는 구절을 달아 선비의 고고한 기품을 나타냈다 하니 나의 처지와는 아무런 상관이 없는 것이다.

오래전 그 그림을 볼 때는 그냥 지나쳤지만 상황이 한 치 앞도 안 보이는 적막강산에 고립되고 보니 추사의 외로움을 이해할 것 같다. 9년 동안의 유배와 일시적인 고립은 시간 차이만 빼면 동전의 앞뒤에 불과한 것임을. 마음이 편안해진다.

추사에 비하면 나는 아주 잠시 유배되었을 뿐이다. 얼마 전의 두려움은 실체가 없는 두려움에 불과했다. 피곤한 일상에서 홀로 생각하는 시간을 갖게 된 나는 지금 여유롭고 호사스러운 유배를 즐기고 있다.

한두 시간 후면 다시 북적대는 사람 세상으로 돌아갈 것이다. 피곤한 세상살이를 이어가야 한다. 이 자리는 잠깐이지만 요긴한 휴식이다. 외로움을 다독일 수 있고, 아무도 나를 방해할 수 없는….

잊힌 도시의 귀퉁이에서 고립된 채로 나는 아예 시트를 뒤로 젖히고 누워버린다. 쌓인 눈이 차창마저 하얗게 덮고 있다. 인생은 하늘이 내린 이승으로의 유배일까. 차창 너머로 송백을 보았던가. 그 사이로 노인 한 분이 어깨의 눈을 털며 터벅터벅 걸어가고 있다. 내 눈길도 그 뒤를 하염없이 따라가고 있다.

강태공을 읽다

얼마 전 중국 여행길에서 강태공을 만났다. 강태공은 은나라 사람으로 본명은 강상姜尙이다. 그의 사당 입구에는 신장상이 서 있고, 양옆으로는 사철 푸른 대나무와 수목들이 열병식의 병사들처럼 부동자세로 조아리고 있었다. 이곳은 시장 이름마저도 '태공시장'인 것을 보면 관광지인 이 지역 전체가 강태공을 브랜드 삼는 듯했다.

강태공은 훗날 주周나라의 문왕이 되는 서백과 위수渭水에서 운명적인 만남을 가진다. 서백은 낚시꾼으로 세월 보내는 강태공을 단박에 알아보고는 이 사람이야말로 자신이 찾아 헤매던 인재임을 확신한다. 그리고는 정중한 예의를 갖추어 그를 스승으로 모시기에 이른다.

강태공은 은나라를 멸망시키고 주나라를 세운 서백의 책사로 3천 년이 지난 지금까지도 전설처럼 인구에 회자되는 인물이다. 그러나 뛰어난 전략가이며 정치가였던 강태공은 여자의 입장에서 본 지금까지의 내 생각과는 다르게 다가왔다.

강태공의 많은 일화 중에 '복수불반분覆水不返盆'이라는 이야기가 전해 온다. 그는 서백을 만나기 전까지는 책이나 읽는 순전한 백수에 지나지 않았다. 자신을 알아주는 제후를 만나기 위해 오랜 세월에 걸쳐 떠돌이 생활로 전전했다고 한다. 그의 아내인 마씨 부인은 생활력이 전무한 남편 강태공을 대신하여 남의 집 허드렛일이나 농사일을 하며 생계를 책임져야 했다.

하루는 마씨 부인이 삯일을 나가면서 비가 오면 마당에 널어놓은 피를 거둬달라는 당부를 했다. 일을 마친 부인이 집으로 돌아와 보니 멍석에 널어놓은 '피'가 모두 비에 떠내려가 버린 것이 아닌가. 피죽이라도 끓이려고 멍석에 널어 둔 것인데, 무능한 데다 무책임하기까지 한 강태공은 태평하게 책만 읽고 있었다. 그것을 본 아내가 남편의 처사가 너무도 한심하여 화를 내자 그는 미늘 없는 낚시를 들고 강으로 나가 버렸다. 이 같은 일이 비일비재하다 보니 견디다 못한 부인이 집을 나가고 말았다.

세월이 흘러 강태공은 주나라를 세운 공으로 제齊나라 제후가 되어 금의환향을 하게 된다. 그때 마씨는 강태공을 찾아와 옛정을 생각해서 자신을 다시 받아달라며 사정을 하였다. 그러자 강상은 항아리의 물을 땅바닥에 쏟은 다음, 그 물을 다시 주워담으면 받아주겠노라고 했다. 어찌 땅에 쏟은 물을 주워담을 수 있겠는가.

복수불반분—엎지른 물은 주워담지 못한다는 말은 여기서 비롯된 것이라 하며 지금껏 한번 떠난 마음은 되돌릴 수 없다는 의미로 쓰이고 있다.

강태공과 마씨가 생존하던 시대는 은나라 말기였다. 은나라 주왕은 악녀 달기의 치마폭에서 헤어나지 못한 임금이었다. 연못을 술로 채우고 숲에는 나무마다 고기를 걸어놓고 벌거벗은 채 뛰놀며 즐겼다 하는 주지육림酒池肉林을 유래하게 만든 장본인이다.

기록에는 마씨 부인이 강태공을 찾아와 다시 받아달라고 애원하며 매달렸다는 설도 있지만, 마씨가 재혼했던 것으로 미루어 어려운 형편을 도와달라고 사정했다는 쪽이 더 맞을 것 같다. 그런데 강상은 그녀의 통사정을 모질게 거절하고 말았다. 집 나간 여인이라 할지라도 한때는 죽자사자 가정을 책임졌던 아내인데 차갑게 뿌리쳤다니! 강상은 일국의 재상 노릇은 잘했을지 모르나 자신의 처지만을 앞세운 대책 없는 이기주의자는 아니었을까. 강태공은 미늘 없는 낚시로 권력은 낚았을지 몰라도 사람을 낚지는 못한 것 같다.

요즘 젊은이들 사이에 '차도남'이라는 유행어가 있다. '차가운 도시 남자'라는 뜻이다. 어쩌면 강태공도 그 시대의 차도남이었을까. 출세 지향적이어서 어쩌다 권력에 성공하기는 했지만 자신의 처지 외에 주변은 살필 줄 모르는 인간미라고는 없는 남자.

인간미는 사라지고 출세지향형의 인간들이 미만한 세상. 이런 때일수록 대소사를 결정하기에 앞서 '복수불반분'을 한 번쯤 되새겨 보아야겠다는 생각이다.

몽유면산도 夢遊綿山圖

중국 면산을 유람하면서 생뚱한 생각이 뇌리를 스쳤다. 세종의 셋째 아들이었던 안평대군이 중국을 방문했었다면 단언컨대 면산에 다녀갔을 것이라는.

불볕더위가 기승을 부리던 8월 중국으로 갔다. 고속열차 뚱처[動車]와 버스를 번갈아 타고 도착한 곳은 면산(綿山, 2567m)이었다.

면산 입구에 도착하니 거대한 동상이 먼저 눈에 들어왔다. 개자추介子椎의 동상이다. 나는 그 앞에서 사진 한 컷 찍는 것으로 신고식을 대신했다.

버스를 타고 협곡으로 들어섰다. 벼랑을 깎아 만든 길은 차량 두 대가 간신히 교차할 수 있는데다 급커브가 많아 오금이 저렸다. 공포와 신비감을 주는 아슬아슬한 협곡을 따라 두 시간여 달리니 인간계와 선계의 경계인 하늘 도시에 도착했다.

해발 2,000m 높이의 아찔한 절벽 위에 붉은 목조 건물들이 보였다. 불교와 도교, 유교가 공존하는 곳으로 몇 천 년의 역사가 배인 곳이라 했다.

우리는 지하 동굴에서 엘리베이터를 타고 하늘도시로 올라갔다. 절벽 속을 파 엘리베이터를 설치했다는 것도 놀랍지만, 상상조차 할 수 없는 곳을 개발한 중국인들의 끈기와 인원 동원에 박수를 보내지 않을 수 없었다. 청심환을 먹고서야 겨우 내려다본 풍광은 가히 비경이었다.

깎아지른 절벽 위에 층층계단으로 연결된 사찰들은 아름다운 산세와 더불어 오묘한 조화를 이루고 있었다.

안평대군은 꿈속에서 본 풍경을 잊지 못해 궁중 화가 안견安堅을 통해 화폭에 그려냈다. 〈몽유도원도夢遊桃源圖〉는 그렇게 세상에 모습을 드러낸 것이다. 마치 선계를 그린 듯한 그 그림은 신숙주申叔舟를 비롯 정인지鄭麟趾·박팽년朴彭年·성삼문成三問 등 당대 최고 문사들의 찬사가 곁들여져 있다. 면산의 공중도시는, 바로 〈몽유도원도〉의 그 아찔한 절벽 중간 어디쯤에 있을 것이라 가정하면 과히 틀린 말은 아닐 터이다.

수직으로 떨어지는 동굴 속에 자리한 포복암과 운봉사, 그리고 중국 최대 도교 사원인 대라궁을 거쳐 정과사에도 들렀다. 이어서 개자추 장군을 모신 개공사당으로 갔다. 암벽을 파내 만든 사당 중앙에는 개자추 상이 있고 옆에는 어머니와 제자 상이 모셔져 있었다. 가이드는 개자추에 대해 긴 설명을 했다. 중국의 정치 실세들은 개자추 장군 같은 충신을 곁에 두기를 바란다는 말까지 덧붙였다.

중국 춘추시대 진나라 문공이 19년간 망명생활 할 때 개자추는 자기 허벅지 살을 떼어 주군을 봉양하는 등 충심을 다하여 보좌한 것으로 유명하다. 문공이 왕위에 오른 후 그를 등용하지 않자 면산에 은거했다. 뒤늦게 실수를 깨달은 왕이 개자추를 청했지만 응하지 않자 산에 불을 질렀다. 그래도 끝내 나오지 않고 어머니와 함께 불에 타 죽었다. 문왕은 개자추가 죽은 후 사흘간 불을 금하고 찬 음식을 먹으며 애도했다고 한다. 이것이 한식의 기원이라고 한다.

안평의 〈몽유도원도〉를 따라 많은 문사들이 몽환의 자연에 매료되어 그 길을 걸어 들어갔듯이, 개자추도 면산에 들면서 정치란 것에 환멸을 느꼈을 수도 있다.

사람은 산을 대하면 욕심이 없어지고 정신이 맑아진다고 한다. 겨우 마소 한 마리 지나갈 수 있는 첩첩산중에 위험을 감수해가면서도 어머니를 모시고 든 이유가 무엇일까. 그만큼 면산의 풍광이 빼어나다는 증거가 아니겠는가. 웅장한 산세와 꿈결 같은 풍광들.

나 역시도 돌아오기 싫어 몇 번이나 돌아보고 또 돌아보며 아쉬워했다. 공중도시가 점 하나로 작아지며 내 시야에서 사라질 때 나는 어느덧 도시의 아낙네로 돌아와 있었다. 꿈은 꿈일 뿐이다.

아아, 그대 몽유면산도夢遊綿山圖여!

섬의 독백

오늘도 사람 몇이 작은 배를 타고 왔다. 간이선착장에 배를 대고 마치 에베레스트 정상에라도 오른 듯 환호성을 질러댄다. 구석구석을 돌아보며 한껏 먹고 술병 들고 노래를 부른다.

세상일이 복잡하고 힘들다는 것은 나도 안다. 그래서 그들이 내게 와서 위안을 얻고 에너지를 충전해 가는 모습을 보면 가슴 뿌듯해진다. 축 처진 어깨로 와서 등이 꼿꼿한 모습으로 나가는 것을 보면 '아, 내가 오늘도 누군가의 힘이 되어주었구나.' 하는 행복한 기분이 드는 것이다.

이곳에서 바다 저편을 바라보면 언제나 안쓰럽다. 부대끼며, 경쟁하며, 때로는 등 뒤에 비수를 꽂기도 하고, 믿었던 친구에게 발등

찍히기 십상인 인간세상. 이성적 판단으로 살아간다지만 엄격한 동물의 세계보다 나을 것 없어 보이는 걸 어쩌랴.

짐승들이 우글대는 정글은 나름의 엄격한 규칙이라도 있다. 배부르면 더 이상 살육은 하지 않는다. 싸우려면 정면에서 도전하고 누군가를 속여 훔치지도 않는다. 그러나 인간들은 어떠한가?

막장 속에서도 살아내는 게 가상해 그들이 오면 위로해 주고, 편안한 마음으로 돌아갈 수 있도록 애쓴다. 하여, 나무가 자라도록, 기암괴석에 갈매기 날아들도록, 갖가지 야생화를 앞세워 위로해 주려 한다.

그런데 내가 변덕스러운 것인지 마음은 수시로 바뀐다. 풍란風蘭이 보이면 마구 캐지를 않나, 수석이라고 파 가지를 않나, 약에 쓴다고 나뭇가지를 꺾어가는 것도 모자라 분재한다며 어린 해송을 뿌리째 뽑아가니 말이다.

약초 몇 뿌리, 돌 한두 개로는 만족하지 못하고 눈에 보이는 대로 가져가야 직성이 풀리는가. 처음에는 고독이야말로 인간의 본질과 닮아 있다느니, 섬에 오면 욕심이 사라진다느니, 가족만 아니면 평생 섬에서 살고 싶다느니…. 그래놓고는 배낭에다 돌이며 난이며 약초를 미어터지게 밀어 넣는다.

오늘 온 사람들도 그렇다. 처음에는 내게 온갖 찬사를 다 늘어놓

왔다.

"섬이 너무 예쁘네."

"작아도 너무 아름답다야."

"이 공기 맑은 것 좀 봐!"

수다도 잠깐, 아이스박스에서 술과 고기를 꺼내 굽고 마시더니 여자들은 노래 부르고, 남자들은 바다를 향해 방뇨를 한다. 뭐, 화장실 커서 좋다나, 어쨌다나. 그랬다가 분재한다며 죄 없는 어린 동백을 캔다.

이러니 인간이란 존재, 싫을 수밖에 없다. 요즘 같으면 내가 그들을 위로하는 게 아니라 나 자신이 누군가로부터 위로받고 싶어진다.

사람들이 위로받기 위해 내게 온다지만 나는 그들로 하여 상처받고 있다는 것을 왜 모르나. 그대들은 속고 속이는 인간관계에 지쳐 있겠지만 그렇다고 섬에 와서 마구잡이로 파괴하려 한다면 그건 자가당착 아닌가.

섬을 사랑하고 싶다면 스스로 섬이 되든지, 아님 스스로가 내면에서 방황하는 고독과 순수를 찾든지.

그대들에게 질문을 던진다.

때때로 폭풍이 몰아치는 그대들 가슴 언저리를 본 적 있는가? 파도가 거칠게 끓어오르는 그대들의 심연을 들여다본 적이 있는가?

그것이 가라앉아 잔잔한 수면이 되었을 적 느끼는 고독 같은 순수한 자유를 누려 본 적이 있는가?

눈을 감는다.

나는, 섬이다.

종국에는 그대들도 섬이 될지니!

안동역은 지금

요즘 대중가요 〈안동역〉에 빠졌다. 노래를 듣고 또 듣는다. 노랫말이 감성을 자극해서다. '첫눈'과 '사랑하는 사람' 같은 단어는 적당히 통속적이긴 하지만, 그래서 더 호소력이 있다. 때에 따라 시詩처럼 사람 마음을 끌어당기는 마력이 있다.

얼마 전 안동으로 문학기행을 가게 되었다. 애창곡이 되어버린 안동역에는 꼭 가보고 싶었다. 오지랖 넓게도 첫눈 오는 날 안동역에서 만나자고 한 사람이 왜 안 오는지 그 답을 얻을까 해서다.

먼저 봉정사에 갔다. 한국에서 가장 오래된 목조건물이 있는 봉정사 사찰은 단청과 탱화와 처마 모양까지도 특이했다.

영화 〈달마가 동쪽으로 간 까닭은〉을 촬영한 '영산암'도 정감이 갔다. 우화루를 지나 안으로 들어가니 소나무와 배롱나무, 아기자기하게 핀 꽃들이 여염집의 화원을 보는 듯 눈이 호사했다. 세월의 두께가 느껴지는 암자의 빛바랜 단청과 벽에 그려진 호랑이와 토끼 벽화는 흐릿하지만 익살스러웠다.

사찰에 전해져 오는 신화를 들었다. 한 소년이 불문에 들어 바위굴에서 도를 닦은 지 십여 년 되는 어느 날, 아리따운 여인이 나타났다. 옥을 굴리는 듯한 목소리로 몇 번이나 유혹했지만 청년은 과감하게 물리쳤다. 그녀는 옥황상제가 보낸 여인으로 동굴이 어둡다며 하늘의 등불을 주고 떠나갔다. 그 청년은 바로, 봉정사를 창건한 능인 대사였다. 하늘에서 내려온 등불로 수도하였다 하여 그 굴을 '천등굴'이라 했고 대망산은 이후 '천등산'으로 불리게 되었다 한다.

독경 소리와 풍경 소리를 들으며 모처럼 정신적 자유를 누렸다. 천등산은 온통 연두색 나뭇잎들이 햇살을 받아 흰 구름과 어우러져 찬란한 봄을 연출하고 있었다. 아름다운 봉정사의 봄날!

세계탈박물관에서 여러 나라의 탈을 감상하고 내친김에 열린마당으로 가서 탈춤을 보았다. 안동하회별신굿은 800년을 이어온 탈춤으로 풍자와 해학, 웃음이 있어 흥겨웠다.

공연장에서 나와 셔틀버스를 타고 하회 마을로 이동했다. 낙동강이 S자 모양으로 마을을 감싸안고 흐른다 하여 '하회'라는 이름을 붙였다 한다. 유네스코에 등재된 이 마을은 가장 한국적이며 독창적인 유교문화를 간직한 씨족마을로 공동체적 삶을 오늘날까지 이어오고 있다.

깨끗하게 정돈된 골목길을 따라 마을을 둘러보았다. 입춘대길이라고 써 붙인 고택도 많았고, 민속촌처럼 우리의 전통 가옥들이 즐비했다. 흙길과 돌담, 정겨운 초가집들, 또 전통놀이 체험장에서는 구슬치기 · 팽이치기 · 투호놀이 · 비석치기 등을 할 수 있다 한다. 컴퓨터나 스마트폰에 빠져 있는 자녀들이 있다면 하회 마을로의 나들이를 권하고 싶다. 자연 속에서 햇볕과 바람과 흙과 더불어 즐기는 우리의 놀이가 얼마나 재미있는지 알려주고 싶은 것이다.

마을을 한 바퀴 둘러보고 강변으로 걸음을 옮겼다. 만송정 숲길은 울창했고, 만개한 벚꽃은 나비되어 어깨 위로 머리 위로 날아다녔다. 강과 숲길, 벚꽃을 보며 유유자적 걷노라니 내 자신이 긴 생머리의 봄처녀가 된 양 발걸음도 가벼웠다.

건너편 산 정상에 정자 하나가 보였다. 훗날 기회가 된다면 부용대는 꼭 가보아야지. 그곳에 올라 하회 마을의 아름다운 산야와 여인의 몸매처럼 아름다운 강줄기를 보다 보면 선비들의 시조 읊는 소리를 들을 수 있을는지 어찌 알랴.

새벽부터 달려왔지만 가보지 못한 곳이 더 많아 아쉬운 하루다.

도산서원과 내방가사 경창 대회장과 그리고 안동역에는 결국 가지 못했다. 비록 안동역엔 가보지 못했지만 첫눈 오는 날 만나기로 한 사람이 왜 안 오는지 미뤄 짐작할 수 있었다. 안 오는 것도 못 오는 것도 아니다. 봉정사의 전설을 따라가다가 탈박물관의 위용을 살핀다. 또 탈춤에 취하다가 하회 마을 가뭇없는 세월의 심연에 잠기다 보면 바둑 두는 신선 옆에서 도낏자루 썩는 줄 모르는 나무꾼이 되고 마는 것을. 약속은 저만치 속세의 일인 것이다.

안동역에는 지금도 첫눈이 내리길 기다리며 약속한 사람이 오기를 기다리는 사람이 있을지도 모른다. 그러나 세월을 넘은 약속은 기다리는 순간까지만 아름다운 것, 그 이상은 아니다. 산다는 것 자체가 기다림의 연속이 아니던가.

맺지 못한 약속과 기다림을 안고 천년을 이어온 하회 마을에서 나는 다시 나의 자리로 돌아가야 한다. 낭만이 아닌 현실의 약속이 숨쉬는 곳으로. 언제 다시 올지 기약 없는 약속을 하면서.

우공이산과 만만디의 나라에 와서

1. 태황산에 올라

산천에 만산홍엽滿山紅葉이 한창일 때 중국으로 갔다. 넓은 대륙에 펼쳐진 험준한 산맥과 능선, 기기묘묘한 협곡들을 보며 작은 나라의 여행객은 많이도 부러웠다.

마중 나온 미루나무 가로수의 환대를 받으며 태항산으로 향했다. 중국의 그랜드캐니언이라 불린다는 거대한 산맥과 협곡을 보며 나는 중국이라는 땅덩어리와 중국인에 대해 다시 한 번 생각해 보았다.

우리도 산이 많아 계곡이 국토의 바탕을 이루는 나라이다. 산골짜기마다 올망졸망 마을이 자리하고 있어, 옛날에 이웃 마을만 가려

해도 당연히 고개 하나는 넘어야 했다. 그 고개가 높은 곳도 있지만 대개는 걸어서 하루거리 안쪽이다. 해 지기 전에 다녀와야 하니 항상 부산했을 것이다. 어쩌면 그래서 한국인은 늘 '바쁘다 바빠'를 입에 달고 살았는지도 모르겠다.

그러나 중국은 땅덩어리가 넓어서 어디에 가든 며칠에서 한 달 이상을 가는 곳이 많다고 한다. 들판은 지평선이 까마득할 정도로 넓고 산세 또한 높고 험준하기 때문이다. 흔히 중국을 만만디慢慢的의 민족이라 한다. 왜 안 그렇겠는가. 이 나라 사람들이 일 보러 가자면 만만디 정신이 아니면 갈 수도 없었을 터이다.

태항산 입구에서 버스를 바꿔 타고 도화곡에 내렸다. 아찔한 절벽 아래로 폭포와 맑은 담이 조화를 이뤄 수려한 경관을 자랑하고 있었다. 또 빵차를 타고 아슬아슬한 도로를 따라 이동하는데 덜컹거릴 적마다 가슴이 조마조마했다. 석판암과 왕상암을 거쳐 높이 88m의 절벽에 설치돼 있는 원형 사다리 계단을 내려오면서 속살 같은 비경도 훔쳐보았다.

협곡 트레킹을 하며 가이드의 설명에 계속 귀를 기울였다. 태항산맥은 험준한 곳으로 과거에는 신新나라와 후한後漢의 격전지였고, 근현대에는 광복군과 중국의 팔로군이 연합하여 일본군과 전투를 벌인 곳이었다고 한다. 얼마의 사람들은 일본군을 피해 더 깊은 골짜기로 숨어들었고 자연스럽게 마을을 이루게 되었다. 그들은 산에서 자급자족했고, 근친결혼이 많아 후손들에게 유전적인 문제점이 많다.

그 마을이 세상에 알려지게 된 것은 관광지 개발을 위해 도로를 건설하던 사람들에 의해서라고 한다. 발견된 자리에서 주민의 첫마디가 "일본군은 어찌됐나요? 아직도 있어요?"였다고. 이 산골짜기까지 일본군이 침략했다니! 동병상련이 느껴졌다.

태항산에서 유래된 '우공이산愚公移山'에 얽힌 설화를 들었다, 북산北山의 우공은 나이가 아흔이 다 되었는데 산이 마주 보이는 곳에 거주했다. 그런데 북산이 막고 있어서 출입하려면 길을 우회해야 하는 불편이 있었다. 하루는 가족들을 불러 모아 자자손손 힘을 합해 험준한 산을 평평하게 만들자며 자식들과 함께 땅을 파기 시작했다. 그 정성에 감복한 옥황상제가 산을 옮겨주었다는 이야기다. 여기에서도 중국인의 만만디 정신을 읽을 수 있었다.

지난날 신해혁명 이후 그들은 공화국을 건설하였지만 정치적 소용돌이 속에 내전과 가난으로 점철되더니 이제는 그 거대한 땅덩어리가 새롭게 용틀임을 하고 있지 않은가.

과거 덩샤오핑 시절 중국의 대외정책은 '도광양회韜光養晦'였고, 이후 후진타오 시대는 '화평굴기和平崛起'였다. 시진핑 시대에 와서는 당당하게 대국굴기大國堀起(산처럼 크게 일어난다.)를 부르짖고 있다.

한때 코리안 드림을 꿈꾸며 한국에서 궂은일을 마다치 않던 중국인들은 대국굴기의 기지개를 켜며 세계의 공장을 자처하더니 지금은 세계의 거대 시장이 되고 있다. 전세계에서 가장 넓은 땅을 가졌으며, 세계 인구의 20%를 차지하고 있는 나라이니 우리의 처지가 다급하게 생겼다.

저 거대한 태항산의 용틀임이 세계인들의 눈길을 끌듯이 이들은 지금 세계의 강자로 길을 나서고 있다. 어느 경제전문가는, 우리가 한눈팔면 10년 내에 중국이라는 거대 회사 직원으로 전락할 수도 있다고 말하지 않던가.

2. 만선산에서

만선산萬仙山은 태항산의 남쪽 자락에 솟은 산으로 1만의 신선이 놀던 산이라 하여 붙인 이름이라고 한다. 인해전술의 중국인답게 신선의 숫자도 1만 명이다. 웅장한 협곡과 폭포와 계곡을 보니 나도 세상사 모두 잊고 이곳에 머물고 싶다는 생각이 들었다.

산 정상으로 올라가는 길목에서 마주친 절벽장랑绝壁长廊은 지금도 뇌리에서 떠나질 않는다. 홍암절벽 중간에 뚫린 인공터널의 길이가 1,200미터나 되었다. 그곳 곽량촌 주민 13명이 5년 동안 정과 망치만으로 벼랑을 파서 자동차가 다닐 수 있는 길을 완성했다는 믿기 지 않는 얘기였다. '우공이산愚公移山'의 만만디 기질이 이곳에서도 새삼 확인되는 순간이었다.

곽양촌의 집들은 너럭바위로 벽과 지붕을 만들었는데 사이사이에 황토를 비벼 넣어 견고하게 지어졌다. 관경대를 오르며 절벽과 깊은 골짜기를 열고 들어가니 나무 병풍 뒤에 숨어 있던 집들이 하나둘씩 보였다. 절벽 위에 지은 집을 일러 애상인가崖上人家라 한다던가.

느긋한 중국인과 바쁜 한국인. 묘한 대비다. 언제나 바쁜 콰이콰이디(快快的) 문화를 가지고 있는 우리의 기질은 그래서 고속성장을 이루는 계기가 되었지만 이제는 중국의 만만디 문화에 바짝 긴장해야 한다.

중국은 이미 세계 최고의 외환 보유고를 자랑하며 세계 도처에서 땅과 회사 그리고 갖가지 물자를 사들이고 있다. 제주도도 그런 면에서 위험수위라지 않던가. 눈앞에 보이는 태항산맥의 거대 계곡과도 같은 금고 속에 세계를 차곡차곡 담아가고 있는 중이다.

지금 우리도 이들의 추월을 실감하고 있다. 새로운 제품개발과 시장개척에 모두가 힘을 모아야 하는 시점인 것이다. 국가 발전의 어젠다를 설정하고 효율적인 미래를 개척해야 할 것 같다.

십 년 후는 그런 의미에서 국가 존망의 성패를 볼 수 있는 시기가 될지도 모른다. 그때는 금강산 산신이 강한지 태항산 산신이 강한지를 두고 볼 일이다. 숫자는 중국이 많아도 우리는 일당만一當萬 아니겠는가.

햇살 따스한 날 영랑 생가에서

앞다투어 꽃들이 모습을 단장하는 4월이다. 햇살이 따사롭던 날, 강진에 있는 영랑 생가를 찾았다. 이 여행을 계획하던 한 달 전부터 마음은 설렜지만 출발하는 날은 가슴에 파도 같은 일렁임이 밀려왔다. 소녀 시절에 무던히도 좋아한 시인이 김영랑이었기 때문이다.

문학소녀가 아니라도 또래 친구들은 영랑의 시 서너 편은 암송하곤 했다. 나는 영랑 시집 한 권이면 저절로 배가 불렀고 점심 시간이면 시집을 들고 연못이나 뒷동산에 올라 읽고 또 읽었다.

달리는 차 안에서 이런 생각도 했다. '내가 거기 가볼 생각을 왜 여태 못했을까?'라는. 이런 기획된 여행이 아니라 혼자서라도 가볼 수 있었을 텐데…. 생각해보면 우리네 삶에서 어디 그리 시간 훌쩍 비우기가 쉽던가.

영랑 생가는 소담스런 초가였다. 입구의 〈모란이 피기까지는〉 시비가 우리를 반갑게 맞이했다. 나는 마치 짝사랑을 만난 듯 볼이 달아올랐다. 그 앞에 서서 음미하듯 시를 읊었다.

> 모란이 피기까지는/ 나는 아직 나의 봄을 기다리고 있을 테요
> 모란이 뚝뚝 떨어져버린 날/ 나는 비로소 봄을 여읜 설움에 잠길 테요
> 오월 어느 날, 그 하루 무덥던 날/ 떨어져 누운 꽃잎마저 시들어 버리고는
>
> (중략)
>
> 모란이 피기까지는/ 나는 아직 기다리고 있을 테요,/ 찬란한 슬픔의 봄을

시인은 독립운동을 하고 또 일제 때 옥살이까지 했지만 그의 시는 이념이나 사상과는 거리가 멀다. 혹독한 시기를 온몸으로 저항한 시인답지 않은 모습이다.

마당에는 시에서 만났던 샘과 장독대가 있었다. 반가운 맘에 장독도 쓰다듬어 보고 우물 안도 기웃거려 보았다. 우물 안의 그림자가 나를 보는 듯했다.

종마루 앞에 서서 선생의 사진을 보는데, 언제 왔는지 손끝에도 돌담에도 햇살이 내려와 있었다. 나는 마루에 앉아 따사로운 햇살을 손에 받아 살포시 쥐었다. 시인도 이 햇살 속에서 저 〈돌담에 속삭이는 햇살같이〉 시도 썼을 것이다.

> 돌담에 속삭이는 햇살같이/ 풀 아래 웃음 짓는 샘물같이
> 내 마음 고요히 고운 봄 길 위에/ 오늘 하루 하늘을 우러르고 싶다
> 새악시 볼에 떠오는 부끄럼같이/ 시의 가슴 살포시 젖는 물결같이
> 보드레한 에메랄드 얇게 흐르는/ 실비단 하늘을 바라보고 싶다.

햇살을 업고 요염하게 단장한 모란을 보려고 뒤뜰로 향했다. 자목련과 동백은 활짝 피었는데 모란은 소녀처럼 수줍게 미소만 짓고 있었다. 열흘 후쯤이면 성숙한 여인의 자태를 볼 수 있을 것 같았다.

덩치가 큰 동백나무는 하양에 분홍으로 수놓은 예쁜 꽃을 달고 있었다. 탐스럽게 보여 카메라에 담는 순간에도 설렜다.

뒤뜰에 있는 작은 숲으로 발걸음을 옮겼다. 산들바람이 대나무를 쓰다듬고 있었고 그윽한 솔향기가 멀리까지 퍼져 있었다. 오래전에 선생의 볼을 스치고 지나가며 장난쳤을 바람이여!

> 숲 향기 숨길을 가로막았소/ 발끝에 구슬이 깨이어지고/

달 따라 들길을 걸어다니다/ 하룻밤 여름을 새워버렸소.

— 〈숲 향기〉

거푸 읽어봐도 절묘한 표현이다. '발끝에 구슬이 깨어지고/달 따라 들길을 걸어다니다' 한여름 밤을 뜬눈으로 보낸 시인의 심중에는 무엇이 자리하고 있었을까. 무엇이 그로 하여금 짧은 여름밤을 잠 못 들게 했을까.

우리는 때로, 밤잠을 이루지 못하는 날들이 많다. 마당을 서성이며 바람에 서걱거리는 나무들의 소리를 들으며 나무와 함께 불면하는 날들이 얼마나 많은가. 실상은 그게 인생이라는 것도 나이가 들면서 깨닫는다.

기대했던 활짝 핀 모란은 아쉬움 가운데 남겨두었다. 소녀 시절의 애틋함이 샘물처럼 찰랑대는 사월의 햇살 따스한 하루였다.

우체통은 다 어디로 갔을까

몇 해 전 '세계 철새 축제'를 관람하기 위해 군산으로 갔다. 바람에 남실거리는 은빛 갈대를 보며 '금강 철새 조망대'로 향했다.

조망대 꼭대기 층에 설치된 망원경으로 철새들의 군무를 감상하고 나오는데 입구에 뭔가 비치돼 있었다. 예쁜 그림엽서였다. 뒷면에는 철새 그리기 대회에서 환경부장관상을 수상했다는 작품이 있었고, 앞면에는 앙증스런 철새 마스코트와 함께 이런 글귀가 새겨져 있었다.

첫눈, 첫사랑, 첫딸
처음 같은 설렘이 있는

소중한 추억을 전하세요

나에게, 연인에게, 아내에게, 남편에게
다짐과 고마움, 미안함
다 전하지 못한 마음들….

그 아래에 깨알 같은 글씨로 "이 편지는 시월의 마지막 날에 배달됩니다."라고 적혀 있었다. 그 글귀를 읽고서 어찌 그냥 나올 수 있겠는가.

소녀 적 감성이 되살아났다. 나는 대열에서 이탈해 나와 남편과 내게 몇 자 써서 우체통에 넣었다. 내가 나에게 쓴 첫 번째 편지였고, 남편에게는 삼십여 년 만에 쓴 편지였다.

아침나절에 철새가 물어다 놓았을까. 까맣게 잊고 지냈는데 일 년여 만에 집 우편함에서 그 엽서를 발견한 것이다.

"여보! 사랑해요."라고 쓴 엽서를 펼쳐보고 미소 지을 남편의 표정이 상상되었다. 나에게 작지만 큰 행복을 가져다 준 철새.

나는 엽서를 읽으며 생각했다. 일 년에 한 번만이라도 가족들에게 편지를 써보리라. 예쁜 편지지와 봉투를 고르고 정성껏 편지를 쓴 다음 우표를 붙여 우체통에 넣는 즐거움을 맛보아야지.

그동안 나는 내 자신에게 참 무심했다는 생각이 들었다. 감수성

풍부한 학창 시절에는 반 친구끼리도 편지를 주고받았다. 러브레터는 써 본 적 없지만, 객지에 나가 있던 남편과는 하루가 멀다 하고 편지를 주고받은 적도 있었다. 그러던 내가, 편지를 써서 우체통에 넣어 본 게 언제였더라?

생각해보면, 동네마다 장승처럼 서 있던 우체통이 하나둘 사라지더니 지금은 우체국 앞이 아니면 보기 어렵다. 그 많던 우체통이 어느 틈에 사라지고 말았을까?

휴대전화가 등장하면서 공중전화 부스가 하나씩 사라지듯 우체통 역시 우리의 기억에서 조금씩 지워져 가고 있었던 것이다.

우체통은 1884년 우정총국이 출범하면서 설치되었다고 한다. 한창때는 전국에 5만여 개가 있었지만 이제는 절반 이상이 사라졌다는 것이 아닌가.

요즘은 전자메일, 페이스북, 스마트폰을 통해 원하는 내용을 순식간에 보낼 수 있는 디지털 시대다. 눈앞에서 작성해서 보내고 눈앞에서 상대가 확인하는 시대에 살면서 우체통이 사라지는 것에 관심 가질 사람이 없는 건 당연한 일인지도 모른다.

이제 우체통은 이 시대의 전설이 되어간다. 독도와 마라도, 백령도에 우체통이 있는 게 신기하게만 보이고, 울산 '간절곶 우체통'은 해맞이 축제의 상징 조형물로 관광명소가 되었다.

통영 청마문학관에도 우체통이 설치돼 있는데, 일 년에 한 번 '청마편지쓰기' 행사를 통해 학생과 시민들에게 편지쓰기의 소중함을 일깨워주었다. 편지쓰기는 축제행사 속에나 존재하는 것 같다.

메일이나 SNS통신은 용건만 간단히 하고 끝난다. 그러다 보니 상대에 대한 깊이 있는 생각을 할 겨를이 없다. 스피디하게 쓰고 보내다 보면 말이 짧아지고, 생각도 짧아진다. 빠른 글쓰기, 짧은 문장으로 단순정보 보내기가 습관화 되다 보면 상대에 대한 배려 또한 없어지는 건 아닐까.

그 많은 우체통은 다 어디로 갔을까. 여유와 절제가 넘치던 그 인간적 우아한 품격은 어디로 사라졌을까.

바람 거칠게 몰아치던 금강 포구의 우체통을 나는 가끔씩 기억한다. 이 시대 우리들 인격에도 우체통을 지워 버릴 만큼 거친 바람이 불고 있지나 않은지.

삶의 길에서 좌절하고 생의 의욕마저 상실했을 때

- 고동주 선생의 〈동백의 씨〉를 읽고

다시는 깨어나고 싶지 않을 정도로 아주 많이 아팠던 적이 있었다. 고통 이전에 내게 주어진 삶의 노정이 그만큼 힘들었기 때문이다. 그런데 깨어났다. 88올림픽 개막식 날, TV에서 들려오던 합성을 들으며 깊은 잠에서 깨어난 것이다. 5일 만이었다.

눈을 뜨고 가족들의 시선을 느끼는 순간, 이제는 나 자신만을 위한 시간도 가져야겠다는 결심을 하였다. 가족들에게 말했다기보다는 일방적으로 통보했다. 그리고 아무 일도 없었다는 듯 자리를 털고 일어났다.

오래전부터 글을 쓰고 싶었다. 내 영혼의 둥지를 문학 속에 틀고 싶은 마음이 간절했다. 몇 해 후에야 기회가 주어졌다. 통영시 부시장이던 고동주 선생께서 주부창작교실을 개강한다는 플래카드를 보는 즉시 수강신청을 했다.

수업한 지 얼마 만이었을까. 선생의 작품을 감상하는 시간이었고 그게 바로 〈동백의 씨〉였다. 학창 시절에 교과서에 실렸던 수필 서너 편과 서간문을 묶은 ≪사랑했으므로 행복하였네라≫와 ≪렌의 애가≫ 정도만 읽었던 내가, 선생의 수필 〈동백의 씨〉를 만났을 적의 충격이라니!

〈동백의 씨〉는 조실부모한 선생이 군에서 휴가를 받아 고향을 찾는 장면부터 시작된다. 유일한 혈육인 숙부님을 찾아가지만 장기 출타로 동네 친척집을 전전하면서 휴가를 보내는 과정은 서럽기까지 하다. 휴가를 나오지 말았어야 했다는 독백에서는 아픔이 그대로 전해져 왔다.

귀대하는 날 여비가 없어 무작정 나룻배에 오르며 바다에 뛰어들 생각까지 할 때의 심정은 오죽했을까. 그 후의 장면은 거의 슬픈 영화를 보는 듯했다.

오빠가 귀대하는 날 아침, 동리 아주머니들을 찾아다니며 이삭으로 떨어진 동백의 씨를 주워서 팔아 갚겠다며 돈을 빌려달라고 애원했다. 이렇게 번 몇 푼의 돈을 손에 꼭 쥐고 뱃머리를 향하여 달렸던 것이다. 눈물범벅이 된 아이는 따스한 형제의 정을 건네주고는 바위에 주저앉아 외로운 오빠의 처지와 자신의 불쌍한 처지를 생각하며 파도처럼 흐느꼈다. 가슴 깊이 와 닿는 갸륵한 정의 전율을 느끼며 터지는 설움을 참을 수가 없었다. 두 고아의 가엾은 눈물을 보고 나룻배의 일행도 모두들 측은해 눈시울을 적셨다. 바다 저쪽 갈매기도 같이 울어주었다.

귀대하는 사촌오빠의 여비를 마련하려고 동네 아주머니들에게 돈을 꾸는 구실로 동백의 씨를 주워 팔아 갚겠다고 사정하는 열네 살 어린 소녀. 소녀 역시 조실부모한 고아로서, 일곱 살 때부터 숙모의 시중을 들며 학교라곤 문턱도 가보지 못한 아이였다. 어렵게 마련한 돈을 들고 나룻배에 오르는 오빠를 부르면서 천방지축 뛰어오는 장면을 눈물로 읽었다. 한순간 수강생 40여 명이 소리 내어 흐느꼈다.

선생은 이렇게 낭패를 모면케 한 동백의 씨로 하여 동백나무에까지 정겨움이 더하게 되었고 그 동백을 볼 때마다 여동생의 따스한 정情을 만나게 되었다. 동백꽃의 아름다움과 사철 변함없는 그 잎의 윤기와 그 열매의 야무진 껍질과 그 속의 씨. 그 씨의 은혜를 입고 아찔한 고비를 넘어서 오늘에 이르렀다는 것으로 결미를 장식했다.

나 역시 어둡고 힘든 유년기를 보내고, 힘들었던 초기 결혼 시절을 넘어 오늘에 왔다. 삶의 길에서 좌절하고 생의 의욕마저도 상실할 즈음 만났던 〈동백의 씨〉는 내게 삶의 용기를 주었다.

선생의 수필은 아픔에서 끝나지 않았다. 선생께선 어쩌면 그날의 아픔을 승화시켜 오늘날 문단의 어른으로서 우뚝한지도 모른다. 그거야말로 일당백의 수필 〈동백의 씨〉의 힘이 아니겠는가.

나도 살아생전 이런 감동적인 글을 한 편 쓸 수 있다면, 하는 포부를 가져보기도 했다. 언감생심 꿈도 못 꿀 일이지만 이날까지 굳건히 필을 잡는 이유이기도 하다.

글은 읽고 나면 힘이 느껴져야 한다. 사람의 가슴 가슴에 감동과 희망의 불씨를 지필 수 있는 〈동백의 씨〉 같은 한 편의 수필을 쓰기 위해 오늘도 기나긴 신새벽의 터널을 지난다.

양미경 수필집
눈 오는 날 추사를 만나다

인쇄 2015년 11월 12일
발행 2015년 11월 20일

지은이 양미경
발행인 서정환
펴낸곳 수필과비평사
주소 서울시 종로구 삼일대로 32길 36(익선동 30-6 운현신화타워 빌딩) 305호
전화 (02) 3675-5633, (063) 275-4000 · 0484
팩스 (063) 274-3131
이메일 sina321@hanmail.net essay321@hanmail.net
출판등록 제300-2013-133호
인쇄 · 제본 신아출판사

ISBN 979-11-5933-000-1 03810
값 15,000원

이 도서의 국립중앙도서관 출판예정도서목록(CIP)은 서지정보유통지원시스템 홈페이지(http://seoji.nl.go.kr)와 국가자료공동목록시스템(http://www.nl.go.kr/kolisnet)에서 이용하실 수 있습니다.(CIP제어번호: CIP2015031342)

Printed in KOREA

* 이 책은 한국문화예술위원회 경상남도 GYEONGNAM 경남문화예술진흥원 에서 발간비의 일부를 지원받았습니다.